예수님을 닮아가는 삶,
겸손과 순종

예수님을 닮아가는 삶, 겸손과 순종

저자 앤드류 머레이
역자 임종원

초판 1쇄 발행 2021. 11. 17.
개정판 1쇄 발행 2024. 11. 8.

발행처 도서출판 브니엘
발행인 권혁선

책임교정 조은경
책임영업 기태훈
책임편집 브니엘 디자인실

등록번호 서울 제2006-50호
등록일자 2006. 9. 11.

서울특별시 송파구 백제고분로28길 25 B101호 (05590)
마케팅부 02)421-3436
편 집 부 02)421-3487
팩시밀리 02)421-3438

ISBN 979-11-93092-29-3 03230

독자의견 02)421-3487
이 메 일 editorkhs@empal.com

북카페주소 cafe.naver.com/penielpub.cafe
인스타그램 @peniel_books

도서출판 브니엘은 독자들의 원고를 설레는 마음으로 기다리고 있습니다.
위의 이메일로 간단한 기획 내용 및 원고, 연락처 등을 보내주십시오.

도서출판 브니엘은 갓구운 빵처럼 항상 신선한 책만을 고집합니다.

[날마다 자신을 내려놓고 성령으로 채우는 놀라운 은혜]

예수님을 닮아가는 삶, 겸손과 순종

앤드류 머레이 지음 | 임종원 옮김

브니엘

날마다 자신을 내려놓고 성령으로 채우라

　　모든 사람이 저마다 높아지려고 발버둥 치는 거대한 흐름과 아
우성 속에 갇혀서 옴짝달싹 못 하고 있다. 그들은 어디로 가는지도
모른 채 무작정 높은 곳만 향해서 달려가고 있다. 이것이 지금 대다
수의 사람이 살아가는 우리네 삶의 현주소이다. 아무리 신앙심 깊은
그리스도인이라 하더라도 높은 자리, 좋은 자리, 탐나는 자리, 이름
값 있는 자리를 차지하지 못해서 안달이다. 교회 안에서도, 교회 밖
에서도 그건 여전히 마찬가지다.

　　그러나 예수님은 우리에게 높아지려는 자는 마땅히 낮아져야 한
다고 말씀하신다. 우두머리가 되려고 하기보다는 섬기는 종이 되라
고 말씀하신다. "너희 중에 누구든지 으뜸이 되고자 하는 자는 너희
의 종이 되어야 하리라"(마 20:27, 막 10:44). 우리가 모든 사람의

종이 되어 겸손을 증명해 보이는 것이야말로 하나님의 형상으로 창조된 인간으로서 우리 삶의 목적과 운명을 가장 높은 차원에서 성취하는 것이다.

이렇듯 겸손의 미덕은 어느 시대에나 가장 필요한 삶의 기술이다. 그런 까닭에 오늘을 살아가는 우리에게는 더욱 절실해진 성품 훈련, 하나님이 가장 간절히 찾고 계신 영성의 실천이 바로 겸손이 아닐까 한다. 오직 마음의 온유함과 낮아짐이야말로 하나님의 어린 양을 따르는 사람들에게 알려져야 할 가장 중요한 표지이기 때문이다. 그래서 머레이는 겸손을 "모든 피조물의 가장 높은 차원의 미덕이며 온갖 미덕의 근본"이라고 말한다. 그와는 반대로 "교만, 또는 이와 같은 겸손의 상실은 모든 죄와 악의 뿌리"라고 말한다.

그렇게 낮아진 마음이야말로, 그렇게 자신을 철저히 낮출 수 있는 자라야 이 땅에서든 저 하늘에서든 어떤 권위와 질서에도 기꺼이 순종할 수 있을 것이다. 이렇게 순종함으로 나아갈 때 풍성하고 충만한 삶을 넘어서 훨씬 더 많은 것을 부어주기를 원하시는 하늘에 계신 보호자이자 사랑의 하나님 아버지와 친밀한 관계를 맺게 될 것이다!

그럼에도 우리 시대는 꿈과 도전을 가장하여 끝없이 '거스름'을 부추기고 있다. 각 사람의 인격과 인권에 대한 지나친 강조는 조화와 협력을 거부하고 독단과 고집과 반항을 일삼는 문화를 양산하고 있다. 사생활이나 가정생활, 또는 사회생활에서 '나'만 중요하다고 생각하기 때문에 점차 공동체가 깨지고 있다. 겸손을 모르고 순종을 거부하는 우리 시대와 문화가 낳은 당연한 결과이다.

이제 우리는 그처럼 반역하는 삶을 내려놓고 하나님을 대적하는 시대와 문화를 뛰어넘어 모두가 차분히 겸손과 순종으로 나아가야 할 때이다. 그러므로 이 책은 다시금 우리에게 더욱 간절하고 절실한 부르짖음과 외침으로 다가오고 있다. 이 세상에서 눈에 보이는 질서와 권위에 순종할 줄 아는 자만이 눈에 보이지 않는 저 하늘의 하나님께도 즉시 기꺼이 순종할 수 있지 않을까!

"하나님이 우리에게 요구하시는 단 한 가지 희생제사는 바로 순종의 제사"라고 머레이는 말한다. 하늘에 계신 우리 하나님 아버지는 그분의 모든 자녀가 그분께 온 마음과 정성과 뜻을 다하여 순종하기를 기대하신다. 그와 같은 순종이야말로 하나님에 대한 우리의 겸손한 삶과 사랑을 가장 구체적으로 드러내는 것이기 때문이다.

옮긴이 임종원

Section 2.
순종, 은혜와 축복을 누리는 통로

너희 안에 이 마음을 품으라. 곧 그리스도 예수의 마음이니 그는 근본 하나님의 본체시나 하나님 과 동등됨을 취할 것으로 여기지 아니하시고 오히려 자기를 비워 종의 형체를 가지사 사람들과 같이 되셨고 사람의 모양으로 나타나사 자기를 낮추시고 죽기까지 복종하셨으니 곧 십자가에 죽 으심이라. 빌립보서 2:5-8.

Section 1.

:
:
:

겸손,
거룩함의 아름다움

이십사 장로들이 보좌에 앉으신 이 앞에 엎드려 세세토록 살아 계시는 이에게 경배하고 자기의 관을 보좌 앞에 드리며 이르되 우리 주 하나님이여 영광과 존귀와 권능을 받으시는 것이 합당하오니 주께서 만물을 지으신지라. 만물이 주의 뜻대로 있었고 또 지으심을 받았나이다 하더라. 요한계시록 4:10-11.

하나님이 우주를 창조하실 때 거기에는 피조물이 하나님의 온전하심과 축복하심에 동참하게 만들어 그 안에서 하나님의 사랑과 지혜와 능력의 영광이 나타나게 하려는 한 가지 목적이 있었다. 하나님은 창조된 존재들 안에서, 이 창조된 존재들을 통해 각자가 받아들일 수 있는 범위 안에서 그분의 선하심과 영광을 최대한 소통하심

으로써 그분 자신을 계시하고 싶어 하셨다. 그러나 이와 같은 소통
은 본질에서 거기에 어떤 책임과 의무가 따르는 특정한 삶이나 선량
함을 소유할 수 있게 하는 무엇인가를 피조물에게 제공하는 것이 아
니었다. 전혀 그런 것이 아니었다.

하나님은 영원토록 살아 계시고, 늘 존재하시며 항상 활동하시
는 분이고, 그분의 능력을 담고 있는 말씀으로 만물을 지탱하고 계
시는 분이며, 그분 안에 만물이 존재하는 분이시다. 그렇기에 하나
님과 피조물의 관계는 끊임없이, 절대적으로, 우주적으로 서로 의존
할 수밖에 없었다. 하나님이 그분의 능력으로 만물을 단번에 창조하
셨던 것만큼이나 진실하게, 그와 같은 능력으로 하나님이 모든 순간
을 지탱해야만 한다.

피조물은 자기 존재의 기원과 첫 출발을 되돌아보아야 할 뿐만
아니라 그 모든 것이 하나님의 은혜라는 사실을 인정해야 한다. 그
리하여 지금부터 영원무궁토록 자신의 가장 중대한 관심사, 자신의
가장 높은 차원의 미덕, 자신의 유일한 행복이 자기 자신을 빈 그릇
으로 내드림으로써 하나님이 그 안에 머무시면서 그분의 능력과 선
하심을 분명히 드러낼 수 있도록 해야 한다.

하나님이 우리에게 허락하시는 삶은 단번에 모든 것을 나누어주
는 것이 아니라 매 순간 지속해서 그분의 전능하신 능력을 끊임없이
실행하시는 것으로 이루어진다. 하나님을 전적으로 의존하는 자리
인 겸손은 만물의 본질로부터 비롯되는 것이며 피조물의 첫 번째 의

무이자 가장 높은 차원의 미덕인 동시에 모든 미덕의 근본이다. 그러므로 지나치게 교만하거나 이와 같은 겸손을 잃어버리는 것은 온갖 죄와 악의 뿌리이다.

타락한 천사들이 불순종에 이끌려 천국의 광명으로부터 바깥 어두운 곳으로 내던짐을 당한 것은 바로 자아도취에 빠져 오직 자기 자신만을 바라보기 시작했을 때였다. 인류 최초의 부모인 아담과 하와가 아주 높은 자리에서 지금 우리 인간이 빠져 있는 비참한 상황으로 떨어진 것도 뱀이 두 사람의 마음속에 하나님처럼 되고 싶다는 욕망이라는 교만의 독을 불어넣었을 때였다. 천국에서든 이 땅에서든 간에 교만과 자기를 높이는 것은 지옥문으로 들어가는 지름길이며 지옥 자체를 탄생시키는 지름길이고 지옥의 저주를 받는 지름길이다.

그런즉 다른 어떤 것도 우리를 구속할 수 없으며 오직 잃어버린 겸손의 회복, 곧 창조주 하나님과 피조물 사이에 원래부터 존재하던 유일한 참된 관계를 회복함으로써 우리의 구속이 가능하다는 사실은 매우 당연한 결과이다. 예수님도 이 세상에 겸손을 회복하여 우리에게 그와 같은 겸손에 동참하게 하고 그로 말미암아 우리를 구원하기 위해 이 땅으로 찾아오셨다.

예수님은 자신을 겸손히 낮추어서 인간이 되셨다. 우리가 그분 안에서 바라보는 겸손은 천국에서 그분을 사로잡고 있었다. 바로 그 겸손이 그분을 거기에서부터 여기로 데려왔으며 그분은 거기에서부터 여기로 겸손을 데려왔다. 여기 이 세상에서 "그리스도께서는 자기를 낮추시고 죽기까지 순종하셨으니 곧 십자가에 죽기까지 하셨다"(빌 2:8, 새번역 참고). 예수님의 겸손은 심지어 그분의 죽음에 대해서도 고귀한 가치를 부여하였으며 이 죽음을 통해 우리의 구속이 되셨다.

그리고 이제 예수님이 우리에게 나누어주시는 구원은 하나님에 대한 그분의 관계와 그분의 구속 사역을 위한 토대와 뿌리로서 그분 자신의 생명과 죽음, 그분 자신의 기질과 정신, 그분 자신의 겸손을 우리와 마음껏 소통하시는 것이나 다름없다. 예수님은 기꺼이 그 자리를 받아들이셨으며 완전한 겸손의 삶을 통해 피조물로서 인간의 운명과 목적을 완전히 성취하셨다. 예수님의 겸손은 곧 우리의 구원이며 예수님의 구원은 바로 우리의 겸손이다.

그러므로 구원받은 사람의 삶, 곧 성도의 삶은 죄로부터 구원받았다는 이와 같은 흔적, 각 사람의 원래 상태를 완전히 회복했다는 특징을 반드시 간직하고 있어야만 한다. 다시 말해 보편적인 겸손을 특징으로 삼는 인간과 하나님 사이의 전반적인 관계를 완전히 회복해야 한다. 이와 같은 것들이 없다면 하나님의 임재 안에 진정으로 머무르는 것은 있을 수 없는 일이며 하나님의 은혜에 대한 참된 경험이나 성령의 능력을 제대로 경험하기도 쉽지 않은 일이다. 이런 것들이 없다면 영속적인 믿음, 사랑, 기쁨, 능력도 있을 수 없다.

겸손은 은혜를 뿌리내리게 하는 유일한 토양이다. 겸손의 결핍은 온갖 단점과 실패를 충분히 설명해준다. 겸손은 여러 다른 것과 나란히 어깨를 견줄 만한 그런 은혜나 미덕이 아니다. 겸손은 모든 것의 뿌리이다. 오직 겸손만이 하나님 앞에서 올바른 태도를 보여 하나님으로서 모든 일을 행하시도록 하기 때문이다.

하나님은 우리를 너무나 이성적인 존재로 만들어놓으셨기 때문에 어떤 명령의 참된 성격이나 절대적인 필요성을 더욱 진실하게 통찰할수록 우리는 훨씬 더 쉽게 그 명령에 철저히 순종할 수 있게 될 것이다. 순종에 대한 부르심은 지금까지 너무나 적게 고려되었다. 왜냐하면 겸손의 참된 성격과 중요성을 거의 이해하지 못했기 때문이다. 겸손은 우리가 억지로 하나님께로 가져가거나 하나님이 무작정 우리에게 심어주시는 어떤 것이 아니다. 겸손은 단지 자신이 전혀 아무것도 아닌 존재라고 느끼는 의식일 뿐이며 우리가 정말 진실하게 하나님이 전부임을 깨달을 때 찾아온다. 그로 말미암아 우리는 하나님이 전부가 되도록 모든 길을 열어드리게 된다.

이것이야말로 가장 진실된 고결함임을 깨닫고, 하나님의 뜻, 하나님의 생각, 하나님의 사랑에 머물러 있겠다고 동의하는 것이다. 그러니까 하나님의 생명과 영광이 일하시도록 그 자신을 분명히 드러내는 모양, 곧 그릇이 되겠다고 내맡기는 것이다. 그뿐만 아니라 그 피조물은 겸손을 통해서 자신의 위치를 제대로 인정하는 것이 하나님께 자기 자리를 올바로 내드리는 것임을 깨닫게 된다.

진지한 그리스도인의 삶 속에서, 거룩함을 추구하며 고백하는 사람들의 삶 속에서 겸손이야말로 그 사람의 고결함을 드러내는 가장 중대한 특징이 되어야 한다. 그런데 흔히 그렇지 않다고들 말한다. 그리스도의 가르침과 본보기에서 겸손은 가장 중요한 자리에 끼어본 적이 한 번도 없었다고 오해하고 있다는 사실이 과연 그 한 가지 이유가 될 수 있을까?

그리고 다시금 그 이유는 겸손을 위해서는 죄를 짓는 동기만큼이나 강한 동기가 자리 잡고 있다는 사실이다. 곧 천사들을 그토록 겸손하게 만들고, 예수님을 그토록 겸손하게 만들었으며, 하늘에 있는 가장 거룩한 성도들을 그토록 거룩하게 하는, 훨씬 더 폭넓고 강력한 영향력 가운데 하나가 자리 잡고 있다는 사실을 무시하는 것이다. 또한 피조물의 관계를 나타내는 가장 우선적이고 중대한 특징과 그 피조물이 자신의 축복을 누리는 비결은 하나님이 마음껏 전부가 될 수 있도록 내드리는 겸손과 비움의 상태라는 사실을 온통 무시하고 있기 때문이다.

이에 관해 자기 경험이 나의 경험과 아주 흡사하다고 고백할 만한 수많은 그리스도인이 있을 것으로 확신한다. 그렇게 우리는 제자들이 스승인 예수 그리스도께 보여주셨던 것처럼 마음의 온유함과 낮아짐이 제자들을 구별 짓는 특징이라는 사실을 깨닫지 못한 채로 오랫동안 주님을 알아왔다. 더구나 이 겸손은 저절로 자연스럽게 찾아오는 것이 아니라 특별한 소망과 기도와 믿음과 훈련의 대상이 되어야 한다는 것이다.

우리는 앞으로 계속해서 겸손이라는 말을 훈련하면서 이 점에 관해 예수님이 제자들에게 주신 가르침들이 얼마나 명확하고 자주 되풀이되었는지, 제자들이 예수님을 이해하는 과정에서 그것을 얼마나 느리게 받아들였는지 깨닫게 될 것이다.

우리는 여러 가지 훈련을 시작하는 바로 이 시점에서 교만만큼 인간에게 아주 자연스럽게 다가오는 것은 없고, 우리가 보기에 교만만큼 그토록 교활하면서도 교묘히 숨겨져 있는 것은 없으며, 교만만큼 그토록 다루기 어렵고 위험한 것은 없다는 점을 솔직히 인정해야 한다. 오직 아주 결단력 있고 끈기 있게 하나님과 그리스도를 기다리는 것만이 겸손의 은혜에서 우리가 얼마나 부족한 존재인지, 우리가 구하는 것을 얻기에 얼마나 무력한 존재인지를 발견하게 만든다는 사실을 절실히 느껴야 한다.

우리 영혼이 예수님의 낮아짐에 따른 사랑과 찬양으로 가득 채워질 때까지 우리는 예수님의 성품을 충분히 훈련해야 한다. 자신의 교만함을 절감하면서 우리 스스로 그 교만을 버릴 수 없다는 사실로 마음이 무너질 때 예수 그리스도께서 우리 안에 그분의 놀라운 생명의 일부로서 이 은혜도 함께 나누어주기 위해 친히 우리를 찾아오실 것이라는 사실을 담대히 믿어야 한다.

너희 안에 이 마음을 품으라. 곧 그리스도 예수의 마음이니 그는 근본 하나님의 본체시나 하나님과 동등됨을 취할 것으로 여기지 아니하시고 오히려 자기를 비워 종의 형체를 가지사 사람들과 같이 되셨고 사람의 모양으로 나타나사 자기를 낮추시고 죽기까지 복종하셨으니 곧 십자가에 죽으심이라. 이러므로 하나님이 그를 지극히 높여 모든 이름 위에 뛰어난 이름을 주사. 빌립보서 2:5-9.

어떤 나무도 온갖 자양분을 빨아들이는 뿌리 없이는 자라날 수가 없다. 나무는 자신의 모든 존재를 통해 그 자체를 존재하게 만든 씨앗 안에 자리 잡은 온갖 생명력을 활용하여 살아갈 수 있게 된다. 첫째 아담과 둘째 아담에게 모두 이 원리를 적용하면서 이와 같은 진리에 대해 온전히 이해하는 것은 그리스도 안에 있는 구속의 필요성과 본질을 훨씬 더 잘 이해하도록 우리를 도와준다.

첫째, 그리스도 구속의 필요성은 이것이다.

자신의 교만 때문에 하늘에서 쫓겨난 사탄으로서 전반적으로 교만한 성격을 지닌 옛 뱀은 에덴동산에서 하와의 귀에다 유혹하는 말을 속삭였으며 이러한 말에는 엄청난 지옥의 독이 포함되어 있었다. 그래서 하와가 뱀의 말에 솔깃하여 하나님처럼 되어 선악을 알 수 있다는 가능성에 자신의 욕망과 의지를 굴복시켰을 때 그 지옥의 독이 하와의 영혼과 피와 생명 안으로 들어와 그토록 복된 겸손과 하나님을 의존하는 마음을 영원히 파괴했다. 그와 같은 성품은 우리에게 영원한 행복을 안겨다 주었을 텐데도 말이다.

그러나 하와 자신의 삶을 비롯한 하와에게서 탄생한 모든 인류의 삶은 영원한 행복 대신에 온갖 죄악과 저주 가운데 가장 끔찍한 모습으로, 사탄의 교만으로 가득한 독으로 다가와 그 뿌리까지 온통 타락하게 했다. 온갖 일상적인 불행과 더불어 이 세상에서 일상적인 풍경으로 자리 잡은 온갖 비참한 상황들, 민족 사이의 각종 전쟁과 유혈 사태들, 온갖 이기심과 고난들, 갖은 야망과 질투심들, 갖가지 깨어진 마음과 쓰라린 상처들로 가득한 삶의 모습은 우리의 것이든 다른 사람들의 것이든 간에 이처럼 저주받은 흉악한 교만이 우리에게 가져다주는 악한 영향력에 각각 기원을 두고 있다.

우리에게 구속이 필요하게 하는 것이 바로 교만이다. 다른 모든 것을 뛰어넘어 우리에게 구속이 필요한 영역이 바로 우리의 교만이다. 그리고 구속의 필요성에 관한 우리의 통찰은 주로 우리의 존재 안에 들어와 있는 세력의 끔찍한 본질에 관한 올바른 지식에 의존할 것이다.

어떤 나무도 온갖 자양분을 빨아들이는 뿌리 없이는 자라날 수 없다. 사탄이 지옥으로부터 가져와 인간의 삶에 초래하는 악한 권세는 온 세상에서 강력한 힘을 두루 발휘하면서 날마다, 시간마다 우리 가운데 역사하고 있다. 인간은 그로 말미암아 고통당하며 그 권세를 두려워하기도 하고 적극적으로 맞서 싸우기도 하며 거기에서 도망치기도 한다. 그러나 어디에서부터 그러한 권세가 비롯되는지, 왜 그러한 권세에 그토록 무시무시한 지배권이 있는지를 제대로 파악하지 못하고 있다.

사람들이 그와 같은 권세를 어디에서, 어떻게 이겨내야 하는지를 제대로 알지 못하는 것도 전혀 이상한 일은 아니다. 교만에는 그 뿌리와 힘이 있어서 우리 안팎에서 무시무시할 정도로 대단한 권세를 휘두른다. 우리는 자신의 교만을 고백하고 안타까워해야 한다. 그뿐만 아니라 교만의 사탄적인 기원에 관해서도 훤히 알고 있어야 한다. 만약 이와 같은 지식이 교만을 정복하거나 물리치는 일에서 완전한 절망으로 인도한다고 할지라도 그 지식은 단지 우리의 구원을 발견할 수 있는 초자연적인 권능으로, 곧 하나님의 어린 양의 구속으로 그만큼 더 빨리 우리를 인도할 뿐이다.

우리 안에 견고하게 자리 잡은 자아와 교만의 역사에 맞서 싸우는 무기력한 싸움은 사실상 그 뒤에 철저히 숨어 있는 어둠의 권세를 생각할 때 훨씬 더 무기력해질 수도 있다. 철저한 절망은 우리에게 우리 바깥에 있는 권세와 생명을 깨닫고 받아들이는 일을 훨씬 더 잘할 수 있게 만든다. 심지어 그와 같은 절망은 천국의 겸손이 사탄과 그로 말미암은 교만을 물리치기 위해 하나님의 어린 양을 통해 이 땅에 더욱 가까이 내려오게 한다.

둘째, 그리스도 구속의 본질은 이것이다.

어떤 나무도 온갖 자양분을 빨아들이는 뿌리 없이는 자라날 수 없다. 비록 우리가 자기 안에 있는 죄악의 권세를 제대로 파악하기 위해 첫 번째 아담과 그 아담의 타락에 관해 정확히 살펴보아야 할 필요는 있지만, 우리는 교만만큼이나 생생하고 영속적이고 압도적으로 겸손의 생명력을 우리 안에 제공하시는 둘째 아담과 그분의 능력을 훨씬 더 잘 알고 있어야 한다.

우리는 아담으로부터, 그리고 아담 안에서보다는 진정으로, 훨씬 더 진정으로 그리스도로부터, 또한 그리스도 안에서 우리의 생명을 찾아야 한다. 우리는 그리스도 안에 뿌리를 내리기 위해, 온몸이 하나님의 장성한 분량까지 자라게 하시는 머리 되신 그리스도를 단단히 붙잡기 위해 그분과 동행해야 한다. 성육신을 통해 인간 본성 안으로 들어오신 하나님의 생명은 바로 우리를 든든히 서 있게 하는 동시에 잘 자라나게 하는 근본이다.

그 생명은 인간 본성을 다루셨던 것과 같은 전능하신 능력이다. 그러므로 우리 안에서 날마다 일하시는 부활을 향해 전진하고 있다. 지금 우리에게 필요한 일은 현재 우리가 소유하고 있는 생명으로 그리스도 안에서 꾸준히 계시되어 온 그 생명을 묵상하고 신뢰하는 믿음이며, 그 믿음으로 우리 전 존재를 소유하고 거기에 정통하기까지 끈기 있게 기다리는 것이다.

이와 같은 관점에서 그리스도께서는 어떤 분이신지, 무엇이 그분을 그리스도가 되게 하는지, 특히 그분의 가장 주요한 특징이 무엇이며, 우리를 구속하시는 분으로서 그분 성품의 뿌리와 본질은 무엇인지 우리는 올바른 생각을 품고 있어야 한다. 이것은 감히 상상조차 할 수 없는 매우 중요한 문제이다.

거기에는 단 한 가지 대답밖에 없다. 그것은 바로 그리스도의 겸손이다. 그분이 보여주신 천상의 겸손, 자기를 비우셔서 인간이 되신 행위가 없었다면, 과연 성육신이 무엇이란 말인가? 겸손이 없었다면, 이 세상에서 그분의 생애는 도대체 무엇이란 말인가?

"그리스도께서는 사람의 모양으로 나타나셔서 자기를 낮추시고 죽기까지 순종하셨으니 곧 십자가에 죽기까지 하셨다."

그리고 보좌에까지 올라가 영광으로 면류관을 쓰시게 된 겸손이 없었다면, 그분의 승천과 영광이 과연 무엇이란 말인가?

"그러므로 하나님은 예수님을 지극히 높이시고 모든 이름 위에 뛰어난 이름을 예수님에게 주셨다."

이 세상에 태어나, 지상에서 살아가는 동안, 십자가상에서 죽는 순간에도, 그리고 하늘 보좌에 앉아계시면서도, 예수님이 하나님 아버지와 함께 계셨던 천국에서도 자기를 겸허히 낮추는 것이 전부였다. 그리스도께서는 인간의 본성 안에 체현(體現)된 하나님의 겸손이고, 그리스도께서는 자신을 겸손히 낮추시는 영원한 사랑이며, 온유함과 다정함의 옷으로 자신을 옷 입히셔서 우리를 얻고 섬기며 구원하시는 영원한 사랑이시다. 하나님의 응축된 사랑이 그리스도를 모든 사람의 보호자이자 조력자로 만드는 것처럼 예수님께 필요한 것은 성육신에 따른 겸손이었다. 그리고 예수님은 지금도 여전히 하나님의 온유하고 겸손한 어린 양으로서 보좌 한가운데 앉아계신다.

만약 이것이 그 나무의 뿌리에 자리 잡고 있다면 그 나무의 본질은 모든 가지와 이파리와 열매에 두루 나타나야만 한다. 만약 겸손이 예수님의 생명을 가장 우선적이고 전적으로 포괄하는 은혜라면,

겸손이 그리스도의 속죄를 위한 비밀이라면 우리 영성생활의 건강과 힘 역시 전적으로 이와 같은 은혜를 가장 우선시하는 우리의 태도에 달려 있을 것이다. 우리가 그분 안에서 탄복하는 가장 중대한 일로서, 우리가 그분에게 요청하는 가장 중대한 일로서, 우리가 이를 위해 다른 모든 것을 희생하는 한 가지 일로서 얼마나 겸손한 태도를 나타내느냐에 달려 있을 것이다.

그리스도의 생명이라는 바로 그 뿌리가 너무나 쉽게 무시되고 널리 알려지지 않고 있을 때 그리스도인의 생명력이 허약하고 너무나 자주 아무런 열매를 맺지 못하게 된다는 사실이 뭐가 그리도 놀랍단 말인가! 그리스도께서 발견하고 우리에게 가져다주신 구원의 기쁨이 너무나 적게 추구될 때 그 기쁨이 너무나 적게 느껴진다는 사실이 뭐가 그리도 놀랍단 말인가!

우리는 오직 하나님에게서 오는 영광을 구하기 위해 예수님이 그러셨던 것처럼 인간의 모든 영광을 포기할 때까지, 하나님이 전부가 될 수 있도록, 오직 주님만이 높임을 받을 수 있도록 자신을 아무것도 아닌 존재로 여겨야 한다. 그리고 그러한 겸손으로 말미암아 우리가 어떤 희생을 치르더라도 그리스도 안에서 추구하는 기쁨을 가장 큰 소망으로 삼아야 한다.

만약 각 사람이 아직도 자기 내면이나 주변을 향해 자신의 겸손이 얼마나 부족한지 스스로 특별한 관심을 돌리지 않는다면, 그리스도의 이름으로 부르심을 받은 백성들 사이에서 각 사람이 온유하고 겸손한 하나님 어린 양의 정신을 얼마나 이해하고 있는지 대놓고 추궁할 수 없는 노릇이다. 그러므로 우리에게 다른 사람들을 향한 사랑이 얼마나 부족한지, 다른 사람들의 필요, 감정, 연약함에 얼마나 무관심한지를 각자 곰곰이 생각해 보아야 한다. 얼마나 자주 날카롭고 성급한 판단과 언행을 일삼는지, 솔직하고 정직해지라는 요청에 대해 얼마나 자주 변명을 늘어놓는지, 온갖 성질과 과민함과 짜증을 얼마나 많이 표출하는지, 쓴 마음과 소외감을 얼마나 깊이 느끼는지, 그 모든 것은 오직 자기 자신만을 추구하는 교만에 뿌리를 두고 있을 뿐이라는 사실을 스스로 곰곰이 깨달아야 한다.

그러면 각 사람의 눈은 거의 모든 곳에서, 심지어 성도들의 모임에서도 어둡고 사탄적인 교만(난 이렇게밖에 말할 수 없다)이 살금살금 기어들어 오는지 충분히 살펴볼 수 있는 영적 눈이 열리게 된다. 그리고 그 자신 안에서, 그 주변에서, 그 동료 성도와 세상을 향해, 우리가 정말로 예수님의 겸손을 통해 영원토록 인도받기만 한다면 그 결과가 어떻게 변할 것인지 스스로 깨닫게 된다.

각자가 그리스의 형상을 닮아가는 삶을 통해, 그리스도의 구속으로 드러나는 전 인격을 통해 계시되었던 겸손함의 부족에 대해 정직하게 자신의 마음을 고정하기 바란다. 그러면 각 사람은 마치 아직도 그리스도가 어떤 분이신지, 그분의 구원이 무엇인지에 관해 실제로 아무것도 모르는 것처럼 느끼기 시작할 것이다.

그러므로 성도들이여, 예수님의 겸손을 공부하라! 이것이 바로 구속의 비밀이자 우리에게 숨겨진 뿌리이다. 날마다 그 바닷속으로 훨씬 더 깊이 들어가라. 그러면 그분의 거룩한 겸손이 당신을 향해 무슨 일을 행하셨을 때 하나님이 당신에게 허락하셨던 바로 이 그리스도께서는 당신 안에 머물러 계시며 일하시기 위해 들어오실 것이다. 하나님 아버지께서 당신에게 원하시는 것처럼 당신을 만들어 가신다는 사실을 온 마음으로 믿기 바란다.

너희는 그렇지 않을지니 너희 중에 큰 자는 젊은 자와 같고 다스리는 자는 섬기는 자와 같을지니라. 누가복음 22:26.

누가복음에서 우리는 우리를 향해 활짝 열려 있는 주님의 내적인 생명을 발견하게 된다. 예수님은 하나님 아버지와 그분의 관계, 그분을 이끌어주는 여러 가지 동기, 그분이 행하시는 능력과 그에 관한 정신을 일깨우는 그분의 자각에 관해 자주 언급하셨다. 비록 '겸손'이라는 말 자체는 등장하지 않지만 성경 어디에서도 그분의 겸손을 이루는 게 무엇인지를 그토록 명확하게 찾아볼 수 있는 곳은 없을 것이다. 사실상 우리는 이 은혜가 단지 하나님이 전부가 되도록 자신을 내드리는 피조물의 전적인 동의에 지나지 않는다는 점을 이미 앞에서 언급했다. 피조물이 오직 하나님의 일 하심에만 자신을 완전히 내드림으로써 말이다.

우리는 예수님 안에서 하늘에 계신 하나님의 아들로서, 이 땅에 계신 사람으로서 어떻게 그리스도께서 완전한 순종의 자리로 나아가셨는지, 어떻게 하나님이 예수님께 합당한 영예와 영광을 허락하셨는지를 바라보게 될 것이다. 그러므로 예수님이 너무나 자주 가르치셨던 진리는 그분 자신에게도 진실해지게 되었다. 곧 "무릇 자기를 높이는 자는 낮아지고 자기를 낮추는 자는 높아지리라"(눅 14:11). 기록된 대로 "예수님께서 자기를 낮추셨으므로 하나님께서는 그를 지극히 높이셨다"(빌 2:6-11 참고).

그렇기에 우리는 예수님이 하나님 아버지와 자신의 관계에 관해 언급하신 말씀을 주의 깊게 경청하고, 얼마나 자주 예수님이 자기 자신에 대해 "아니다"(not)라고, "아무것도 아니다"(nothing)라고 말씀하셨는지 살펴보아야 한다. 사도 바울이 그리스도와 자신의 관계를 설명하면서 사용한 "나는 아니다"라는 표현은 그리스도께서 하나님 아버지와 자기 자신의 관계에 관해 언급하신 바로 그 정신을 담고 있다.

"아들이 아버지께서 하시는 일을 보지 않고는 아무것도 스스로 할 수 없나니 아버지께서 행하시는 그것을 아들도 그와 같이 행하느니라"(요 5:19).

"내가 아무것도 스스로 할 수 없노라. 듣는 대로 심판하노니 나는 나의 뜻대로 하려 하지 않고 나를 보내신 이의 뜻대로 하려 하므로 내 심판은 의로우니라"(요 5:30).

"나는 사람에게서 영광을 취하지 아니하노라"(요 5:41).

"예수께서 대답하여 이르시되 내 교훈은 내 것이 아니요. 나를 보내신 이의 것이니라"(요 7:16).

"너희가 나를 알고 내가 어디서 온 것도 알거니와 내가 스스로 온 것이 아니니라. 나를 보내신 이는 참되시니 너희는 그를 알지 못하나"(요 7:28).

"너희가 인자를 든 후에 내가 그인 줄을 알고 또 내가 스스로 아무것도 하지 아니하고 오직 아버지께서 가르치신 대로 이런 것을 말하는 줄도 알리라"(요 8:28).

"하나님이 너희 아버지였으면 너희가 나를 사랑하였으리니 이는 내가 하나님께로부터 나와서 왔음이라. 나는 스스로 온 것이 아니요. 아버지께서 나를 보내신 것이니라"(요 8:42).

"나는 내 영광을 구하지 아니하나 구하고 판단하시는 이가 계시니라"(요 8:50).

"내가 아버지 안에 거하고 아버지는 내 안에 계신 것을 네가 믿지 아니하느냐. 내가 너희에게 이르는 말은 스스로 하는 것이 아니라 아버지께서 내 안에 계셔서 그의 일을 하시는 것이라"(요 14:10).

"나를 사랑하지 아니하는 자는 내 말을 지키지 아니하나니 너희가 듣는 말은 내 말이 아니요. 나를 보내신 아버지의 말씀이니라"(요 14:24).

이러한 말씀들은 그리스도의 삶과 사역에 관해 가장 깊은 뿌리를 깨닫도록 우리의 눈을 활짝 열어준다. 이 말씀들은 전능하신 하나님이 그리스도를 통해 그분의 강력한 구속사역을 어떻게 펼쳐나갈 수 있었는지를 우리에게 말해준다. 이 말씀들은 그리스도께서 하나님의 아들로서 품어야 하는 마음가짐을 어떻게 생각했는지를 우리에게 잘 보여준다. 이 말씀들은 어떻게 그와 같은 본질적인 성격과 삶이 그리스도께서 성취하셨을 뿐만 아니라 지금 우리에게 소통하시는 구속과 관련 있는지를 우리에게 온전히 가르쳐준다.

그 비밀은 바로 이것이다. 곧 하나님께서 전부가 될 수 있도록 예수님은 스스로 아무것도 아닌 존재가 되는 것이었다. 예수님은 하나님 아버지께서 충분히 자신 안에서 일하실 수 있도록 자신의 의지와 능력을 완전히 내려놓으셨다. 예수님 자신의 능력, 자신의 의지, 그리고 자신의 영광, 모든 사역과 가르침을 비롯한 예수님의 모든 사명, 그 모든 것에 대해 "그건 내가 아니다. 나는 아무것도 아니다. 나는 하나님 아버지께서 일하시도록 나 자신을 그냥 내드리는 것뿐이다. 나는 아무것도 아니요. 아버지께서 전부이시다"라고 명확히 말씀하셨다.

이와 같은 철저한 자기희생의 삶, 하나님 아버지의 뜻에 대한 절대적인 순복과 의존의 삶을 통해 예수님은 완전한 평화와 기쁨의 삶을 발견할 수 있게 되셨다. 예수님은 모든 것을 하나님께 내드림으로써 아무것도 잃지 않으셨다. 하나님은 이와 같은 예수님의 전적인 신뢰를 영화롭게 하셨고 예수님을 위해 모든 것을 행하셨으며 그런 다음에는 영광 가운데 자신의 오른편으로 예수님을 들어 올리셨다.

그러므로 예수님이 이처럼 하나님 앞에서 자기 자신을 낮추셨기 때문에, 하나님이 예수님 앞에 영원토록 머물러 계셨기 때문에 예수님은 사람들 앞에서 자기 자신을 낮추고 모든 사람의 종이 되는 것이 가능하다는 사실을 발견하셨다. 예수님의 겸손은 하나님께 자기 자신을 항복시키는 것이었으며, 주변 사람들이 자신에 대해 뭐라고 말하든지, 또한 자신에게 무슨 짓을 하든지 간에 하나님이 기뻐하시는 대로 자신 안에서 마음껏 행하시도록 자기를 내드리는 것이었다.

그리스도의 구속이 효력과 미덕을 발휘할 수 있는 것은 이와 같은 마음 상태, 이와 같은 정신과 생각 속에서다. 우리에게 예수님께 동참하는 사람이 되도록 하는 것은 바로 이와 같은 생각으로 우리를 이끌어오는 과정을 통해서다. 이것이 바로 예수님이 우리를 부르고 계신 진정한 자기 부인이며 우리의 자아 안에는 아무것도 선한 게 없다고 인정하는 모습이다.

오직 하나님이 가득 채워야 할 빈 그릇으로 자기 자신을 내드리는 경우를 제외하고는 말이다. 그리고 오직 무엇인가가 되거나 무엇을 하라는 끊임없는 요청이 단 한순간도 허락되지 않는 경우를 제외하고는 말이다. 다른 무엇보다 먼저 예수님을 닮아가는 삶을 구성하는 것, 하나님이 전부가 될 수 있도록 우리 자신은 아무것도 아닌 존재가 되고 스스로는 아무런 일도 하지 않게 되는 것은 바로 이와 같은 생각 안에서다.

바로 여기에 참된 겸손의 뿌리와 본질이 자리 잡고 있다. 우리의 겸손이 너무나 피상적이며 너무나 나약한 것은 바로 이것을 제대로 이해하거나 추구하지 않고 있기 때문이다. 우리는 예수님에 관해 그분이 어떻게 마음을 온유하고 겸손하게 낮추시는지를 배워야 한다. 예수님은 어디에서 참된 겸손이 생겨나고 힘을 얻게 되는지를 우리에게 가르치신다.

만물 가운데 일하시는 분은 하나님이시며 우리의 위치는 완전한 포기와 의존을 통해 하나님께 자신을 내드리는 것이라는 의식 안에서 아무것도 아닌 존재가 된다. 스스로는 아무런 일도 하지 않겠다고 전적으로 동의하는 가운데서 말이다. 이것이야말로 예수님이 계시하고 나누어주기 위해 찾아오신 바로 그 삶이며 죄와 자아에 대한 죽음을 통해 하나님께 자신을 온전히 내드리는 그런 완전한 삶이다.

만약 우리가 이것이 우리에게 지나칠 정도로 고상하며 우리의 능력을 넘어서는 삶이라고 느낀다면 그것은 단지 하나님 안에서 그와 같은 삶을 추구하도록 우리를 더욱 강하게 촉구하는 자극에 지나지 않는다. 우리 안에서 이와 같은 온유하고 겸손한 삶을 살도록 하실 분은 내주하시는 그리스도이시다.

만약 우리가 이것을 갈망한다면 다른 무엇보다 하나님이 만물 가운데서 일하실 때마다 하나님의 본성에 관한 지식을 아는 거룩한 비밀을 추구해야 한다. 모든 자연과 모든 피조물, 그리고 다른 무엇보다 하나님의 모든 자녀가 증거하는 비밀, 우리는 살아계신 하나님이 그분의 지혜와 능력과 선하심의 부요함을 마음껏 드러내실 수 있는 그릇이자 통로에 지나지 않는다는 비밀에 관한 지식을 아는 거룩한 지혜를 추구해야 한다.

모든 미덕과 은혜의 뿌리, 모든 믿음과 받을만하신 예배의 뿌리는 단지 우리가 그분에게 받은 것만을 진정으로 소유하게 된다는 사실을 알고서 그것을 위해 하나님께 기꺼이 의지할 정도로 가장 낮은 겸손함으로 무릎 꿇고 머리 숙이는 것이어야 한다. 예수님이 하나님과 마찬가지로 사람들과 함께 교제하면서도 겸손하셨던 것은 이와 같은 겸손이 단지 일시적인 감상뿐만 아니라 그분의 온 생애를 사로잡고 있던 정신이었기 때문이다. 예수님이 하나님을 생각할 때마다 그와 같은 겸손은 각성하고 실행되었다. 우리 주 예수 그리스도께서는 자기 자신을 하나님이 만드시고 사랑하셨던 사람들을 위한 하나님의 종이라고 생각하셨다.

자연스러운 결과 가운데 하나로서 예수님은 자기 자신을 사람들의 종으로 여기셔서 자신을 통해 하나님이 그분의 사랑을 담은 사역을 얼마든지 펼칠 수 있으리라고 생각하셨다. 예수님은 단 한순간도 자신의 영광을 추구하지 않으셨다. 예수님은 자신의 능력을 자신을 드러내기 위해 사용하지 않으셨다. 예수님은 항상 하나님이 일하시도록 내드리는 삶을 지향하셨다.

그런데 우리의 일상적인 신앙생활에서 끔찍할 정도로 겸손이 부족한 현상은 커다란 부담과 슬픔이 되고 있다. 그러므로 우리 안에 가장 중요한 그리스도의 흔적을 안전하게 확보하는 방법은 우리가 예수님의 겸손을 그분의 구속에 내재된 바로 그 본질로서, 하나님 아들의 삶에 내재된 바로 그 축복으로서, 하나님 아버지에 대한 유일한 참된 관계로서 예수님이 우리에게 반드시 허락하셔야 하는 성품으로 진지하게 받아들이고 공부할 때라야 비로소 가능하다.

형제여, 그대는 겸손으로 옷 입고 있는가? 그대의 일상생활에 관해 물어보라. 예수님께 물어보라. 그대의 친구들에게 물어보라. 세상에 물어보라. 그리고 지금까지 당신이 거의 알지 못했던 하늘의 겸손을 예수님 안에서 그대에게 활짝 열어놓으신 하나님을 찬양하기 시작하라. 그로 말미암아 그대가 지금까지 단 한 번도 맛보지 못한 하늘의 축복이 그대에게 찾아올 것이다.

나는 마음이 온유하고 겸손하니 나의 멍에를 메고 내게 배우라. 그
리하면 너희 마음이 쉼을 얻으리니. 마태복음 11:29.
너희 중에 누구든지 크고자 하는 자는 너희를 섬기는 자가 되고 너
희 중에 누구든지 으뜸이 되고자 하는 자는 너희의 종이 되어야 하
리라. 마태복음 20:26-27.

예수님이 자신의 마음을 우리에게 활짝 열어젖히셨으므로 우리
는 지금까지 그분의 삶에서 꾸준히 겸손을 목격해왔다. 거기에서 우
리는 예수님이 겸손에 관해 어떻게 말씀하시는지, 얼마나 간절히 사
람들, 특히 자신의 제자들이 그분과 마찬가지로 겸손해지도록 기대
하시는지를 짐작할 수 있다.

얼마나 자주, 얼마나 간절히 예수님이 겸손을 가르치셨는지에 관해 우리가 도전받기 위해 나로서는 그냥 성경 본문을 인용하는 것 이외에 더 좋은 방법을 찾을 수가 없다. 그러므로 다음 단락들을 주의 깊게 묵상해보길 바란다. 그것은 예수님이 우리에게 무엇을 요구하시는지 깨닫는 데 도움을 준다.

- 예수님이 사역을 시작하시는 모습을 한번 살펴보라. 산상수훈의 서두인 팔복에서 예수님은 이렇게 말씀하셨다. "심령이 가난한 자는 복이 있나니 천국이 그들의 것임이요. 애통하는 자는 복이 있나니 그들이 위로를 받을 것이요. 온유한 자는 복이 있나니 그들이 땅을 기업으로 받을 것임이요"(마 5:3-5). 예수님이 천국에 관해 선포하시는 첫 번째 말씀은 오직 그 문을 통해서만 천국으로 들어갈 수 있는 활짝 열린 문을 계시하신다는 것이다. 스스로 아무것도 소유하지 않은 가난한 사람에게 천국이 찾아온다. 스스로 아무것도 추구하지 않는 온유한 사람이 땅을 기업으로 받을 것이다. 천국과 이 땅의 축복은 자신을 낮추는 겸손한 사람을 위한 것이다. 천국과 이 땅에서 살아가는 삶을 위해 다른 무엇보다 가장 커다란 축복의 비밀은 겸손이다.

- "나는 마음이 온유하고 겸손하니 나의 멍에를 메고 내게 배우라. 그리하면 너희 마음이 쉼을 얻으리니"(마 11:29). 예수님은 자신

을 선생님으로 소개하셨다. 예수님은 우리가 선생님인 그분 안에서 배우게 될 정신이 무엇인지, 그리고 우리가 그분으로부터 배우고 받을 수 있는 정신이 무엇인지 우리에게 말씀하고 계신다. 온유함과 거룩함은 예수님이 우리에게 허락하시는 성품 가운데 하나이다. 그 안에서 우리는 완전한 영혼의 안식을 누리게 된다. 겸손이 바로 구원받은 우리 삶에 자리 잡게 된다.

- 제자들은 천국에서 누가 가장 큰 자인지를 둘러싸고 서로 싸우다가 예수님께 물어보기로 마음을 모았다. 예수님은 제자들 가운데 서 있는 어린아이 하나를 데려다가 자기 곁에 세우시고 이렇게 말씀하셨다. "너희가 돌이켜 어린아이들과 같이 되지 아니하면 결단코 천국에 들어가지 못하리라. 그러므로 누구든지 이 어린아이와 같이 자기를 낮추는 사람이 천국에서 큰 자니라"(마 18:3-4). 누가 천국에서 가장 큰 자인가? 이 질문은 사실상 매우 중요한 물음이다. 무엇이 하늘나라를 특징짓는 가장 중요한 구분이 될까? 그 대답은 예수님 이외에는 누구도 쉽게 내놓을 수 없다. 천국의 가장 중요한 영광, 진정한 천국의 정신, 가장 중대한 은혜는 바로 겸손이다. "너희 모든 사람 중에 가장 작은 그가 큰 자니라"(눅 9:48).

- 세베대의 아들들은 천국에서 가장 높은 자리인 예수님의 우편과

좌편에 앉을 수 있는지를 예수님께 물었다. 예수님은 나름대로 준비된 사람에게 그와 같은 자리를 허락하는 것은 자신의 권한이 아니라 하나님 아버지의 권한이라고 말씀하셨다. 사람이 먼저 그 자리를 바라보거나 요구해서는 안 된다. 오히려 사람의 생각은 굴욕의 잔과 세례에 머물러 있어야 한다. 그래서 예수님은 이렇게 덧붙이셨다. "너희 중에 누구든지 으뜸이 되고자 하는 자는 너희의 종이 되어야 하리라. 인자가 온 것은 섬김을 받으려 함이 아니라 도리어 섬기려 하고 자기 목숨을 많은 사람의 대속물로 주려 함이니라"(마 20:27-28). 겸손이 하늘로 올라가신 그리스도의 표징이었던 것과 마찬가지로 겸손은 천국에서 받을 영광의 기준 가운데 하나가 될 것이다. 곧 가장 낮은 자가 하나님과 가장 가까이에 머물게 될 것이다. 교회 안에서 가장 높은 자리는 가장 겸손한 자에게 약속되어 있다.

– 예수님은 무리와 제자들에게 이방인의 집권자들처럼 가장 높은 자리를 좋아하는 태도에 관해 말씀하시면서 다시 한번 이렇게 말씀하셨다. "너희 중에 누구든지 크고자 하는 자는 너희를 섬기는 자가 되고"(마 20:26,). 가장 낮은 자리로 나아가는 굴욕은 하나님 나라에서 영광으로 올라가기 위한 유일한 사다리이다.

– 또 다른 경우에 한 바리새인의 집에서 예수님은 손님들이 저마다

높은 자리를 차지하려는 것을 보시고 초대받은 손님의 비유를 말씀하시면서(눅 14:1-11) 이렇게 덧붙이셨다. "무릇 자기를 높이는 자는 낮아지고 자기를 낮추는 자는 높아지리라"(눅 14:11). 이와 같은 요구는 매우 엄중한 것으로 다른 방법을 전혀 찾아낼 수 없다. 오직 자신을 낮추는 사람이야말로 궁극적으로 높임을 받게 된다.

- 바리새인과 세리의 비유 이후에 예수님은 다시 한번 이렇게 말씀하셨다. "무릇 자기를 높이는 자는 낮아지고 자기를 낮추는 자는 높아지리라"(눅 18:14). 하나님의 성전과 임재와 예배에서 하나님과 사람들을 향한 깊고 참된 겸손으로 말미암아 충만해지지 않은 모든 것이 무익하다.

- 제자들의 발을 씻기신 후에 예수님은 이렇게 말씀하셨다. "내가 주와 또는 선생이 되어 너희 발을 씻었으니 너희도 서로 발을 씻어주는 것이 옳으니라"(요 13:14). 권위 있는 명령과 모범을 통해, 순종이나 순응에 관한 모든 생각을 통해 겸손은 제자도의 가장 첫 번째이자 가장 본질적인 요소로 자리 잡게 된다.

- 최후의 만찬 식탁에서조차도 제자들은 여전히 누가 으뜸이 되어야 하는지를 둘러싸고 논쟁을 벌이고 있었다. 그러자 예수님은

이렇게 꾸짖으셨다. "너희 중에 큰 자는 젊은 자와 같고 다스리는 자는 섬기는 자와 같을지니라"(눅 22:26). 예수님이 걸어가신 길, 우리를 위해 열어주신 길, 그리고 우리의 구원을 위해 동원하셨던 권능과 정신, 결국에는 그로 말미암아 우리를 구원하신 능력은 언제나 나 자신을 다른 모든 사람의 종으로 내어주신 겸손이다.

얼마나 적게 겸손이 선포되고 있는가! 얼마나 적게 겸손이 실천되고 있는가! 나는 지금 얼마나 적은 사람들이 겸손에 도달하는지를 말하고 있는 것이 아니다. 자신의 겸손을 통해 스스로 인식할 수 있을 정도로 충분히 예수님과 닮은 겸손을 드러내고 있는지를 말하는 것도 아니다. 그러나 지속적인 소망이나 기도의 명확한 목적으로 겸손을 삼으려고 하는 사람이 얼마나 적은지 의아할 뿐이다! 얼마나 적게 세상이 겸손을 목격해왔단 말인가! 심지어 교회의 핵심 그룹 안에서도 얼마나 적게 겸손이 목격되었던가!

"너희 가운데서 으뜸이 되고자 하는 사람은 너희의 종이 되어야 한다." 하나님은 예수님이 진심으로 이렇게 말씀하신다는 사실을 굳건히 믿으라고 우리에게 이런 말씀을 주시지 않았겠는가! 충성된 종이나 노예에게는 어떤 성품이 그 안에 온전히 자리 잡고 있는지 우리는 잘 알고 있다. 그것은 다름 아닌 주인의 관심사에 대한 헌신이다. 그 종들은 주인을 기쁘게 하려면 세심한 연구와 관심을 기울이고 주인의 번영과 영예와 행복을 더불어 즐거워한다.

지금까지 이 세상에는 이와 같은 성향을 보여준 종들이 많았다. 하지만 그 사람들에게 종이란 명칭은 결코 영광스러운 것만은 아니다. 우리 가운데 얼마나 많은 사람이 하나님의 종으로서, 노예로서 우리 자신을 내드릴 수 있다는 것을, 그리고 그분을 섬기는 일이 우리에게 가장 높은 차원의 자유, 죄와 자아에서 벗어나는 자유임을 깨닫고 그 기쁨을 누리고 있단 말인가!

그러므로 우리는 지금 또 다른 교훈을 배울 필요가 있다. 곧 예수님이 서로의 종이 되라고 우리를 부르고 계신다는 사실 말이다. 그리고 온 마음을 다해 우리가 그 부르심을 받아들일 때 이와 같은 섬김은 또한 가장 복된 섬김이 될 것이며 죄와 자아에서 벗어나는 새롭고 충만한 자유가 될 것이라는 사실 말이다.

처음에는 이것이 매우 어려워 보일 수도 있다. 그것은 자기 자신을 여전히 무슨 대단한 존재로 여기는 교만 때문이다. 하지만 일단 우리가 하나님 앞에서 아무것도 아닌 존재로 자기 자신을 내드리는 것이 피조물의 영광이고 예수님의 정신이며 천국의 기쁨임을 발견하게 된다면, 우리는 심지어 자신을 시험에 들게 하거나 성가시게 구는 사람들을 섬기면서 받는 훈련도 전심으로 환영하게 될 것이다.

우리의 마음이 여기에, 곧 참된 성화에 고정될 때 우리는 새로운 열정을 가지고 자기비하에 관한 예수님의 말씀을 묵상하게 될 것이고, 어떤 자리도 너무 낮아 보이지 않을 것이며, 어떤 굴욕도 수치스러워 보이지 않을 것이며, 어떤 섬김도 너무 보잘것없거나 너무 오래 지속된다고 생각하지 않을 것이다. 만약 우리가 "그러나 나는 섬기는 자로 너희 중에 있노라"(눅 22:27)고 말씀하시는 예수님과 함께 교제를 나누면서 그와 같은 섬김을 따라 살아간다면 말이다.

형제들이여, 여기에 더 지고한 삶으로 나아가는 길이 있다. 아래로, 더 아래로 내려가라! 이것이 바로 하늘나라에서 으뜸이 되는 길, 곧 예수님의 좌우편에 앉게 된다는 꿈에 부풀어 있었던 제자들에게 항상 예수님이 하셨던 말씀이다. 높아지기 위해 몸부림치지 말고 구하지도 말라. 그건 하나님의 일이다. 오직 당신은 자기 자신을 낮추고 겸허해지기를 훈련하라. 그리고 하나님이나 사람들 앞에서 어떤 높은 자리를 차지하는 것이 아니라 오히려 종의 자리를 차지하도록 하라. 그것이 바로 당신의 일이다. 그것이 당신의 유일한 기도의 목적이 되게 하라.

하나님은 신실하시다. 마치 물이 언제나 가장 낮은 자리를 찾아서 가득 채우는 것과 마찬가지로 하나님은 피조물이 자신을 낮추고 비우는 모습을 발견하는 순간 그분의 영광과 능력이 가득 흘러들어 한껏 높임과 축복을 받게 하신다. 우리의 유일한 관심사가 되어야 하는 자기 자신을 겸손히 낮추는 일에 초점을 맞추는 사람은 결국 높임을 받을 것이다. 그것이 바로 하나님의 관심사이기 때문이다. 하나님은 그분의 강한 능력과 위대한 사랑으로 자신을 겸손히 낮추는 사람을 높여주시기 때문이다.

때때로 사람들은 마치 겸손과 온유함이 우리에게서 고상하고 담대하고 사람다운 모습을 모조리 빼앗아갈 것처럼 이야기한다. 하지만 겸손히 자기 자신을 낮추는 것, 모든 사람의 종이 되는 것, 이것은 천국을 다스리시는 왕께서 보여주신 왕의 정신이자 하나님을 닮은 정신이다. 이것이 바로 우리 안에 항상 머물러 계신 예수님의 임재이자 우리 위에 존재하는 하나님의 능력으로 말미암은 기쁨과 영광으로 나아가는 지름길이다.

온유하고 겸손하신 예수님은 하나님에게로 나아가는 길을 자신에게 배우라고 우리를 부르신다. '내 유일한 필요는 겸손'이라는 생각으로 우리의 마음을 가득 채울 때까지 우리가 지금까지 해온 훈련을 계속하자. 그리고 예수님이 보여주고 허락해주시는 것을 철저히 믿자. 예수님은 우리에게 그분 자신을 나누어주신다. 온유하고 겸손하신 분으로서 예수님은 그것을 열망하는 마음으로 우리를 찾아오셔서 우리 안에 머물러 계신다.

너희 중에 큰 자는 젊은 자와 같고 다스리는 자는 섬기는 자와 같을
지니라. 누가복음 22:26.

　　지금까지 우리는 예수님의 인성과 가르침을 통해 겸손을 공부해
왔다. 이제는 예수님이 택하신 제자들에게서 나타나는 겸손을 한번
찾아보자. 만약 우리가 제자들에게서 나타나는 겸손의 부족으로 말
미암아 예수님과 사람들 사이에 나타나는 겸손의 차이를 확연히 깨
닫는다면 오순절이 제자들에게 가져온 변화가 얼마나 강력한 것이었
는지를 올바로 인식할 수 있을 것이다. 그리고 사탄이 사람들에게 불
어넣은 교만에 대해 우리가 얼마나 실질적으로 예수님의 완벽한 승
리에 동참할 수 있는지를 담담히 증명하도록 우리를 도와줄 것이다.

예수님의 가르침을 인용한 본문들을 통해 우리는 이미 제자들이 겸손의 은혜에서 얼마나 부족한 모습을 보였는지를 살펴보았다. 한번은 제자들이 누가 가장 큰 자리를 차지해야 하는지에 관한 논쟁을 벌이면서 서로 다투고 있었다. 또 어떤 때에는 세베대의 아들들이 어머니와 함께 예수님을 찾아와 가장 첫 번째 자리, 곧 예수님 좌우편에 앉을 수 있는 자리를 요구하기도 했다. 그리고 최후의 만찬을 나누는 자리에서도 누구를 가장 큰 사람으로 여겨야 할지를 주제로 논쟁이 다시금 벌어지기도 했다.

그렇다고 사실상 제자들이 우리 주님 앞에서 자신을 겸손히 낮춘 순간이 전혀 없었다는 이야기는 아니다. 베드로가 "주여 나를 떠나소서. 나는 죄인이로소이다"(눅 5:8)라고 고백했을 때 베드로에게는 나름대로 겸손한 모습이 있었다. 제자들이 풍랑을 잠잠하게 만드신 주님 앞에 엎드려 주님을 경배했을 때 그런 제자들에게도 나름대로 겸손한 자세가 있었다. 그러나 이처럼 이따금 우발적으로 겸손을 표현하는 것은 이렇게라도 습관적인 방식으로 자신들의 마음을 드러냄으로써 단지 강한 위안거리로 삼으려고 했을 뿐이다. 다른 때에 자신들을 높이는 자리와 권력을 추구하는 자연스러운 모습을 보여 주는 데서 우리는 이 점을 간파할 수 있다. 이와 같은 온갖 모습에 내포된 의미를 주의 깊게 연구하는 것은 우리에게 가장 중요한 여러 가지 교훈을 가르쳐준다.

첫째, 슬프게도 겸손이 여전히 그토록 부족한 상황에서 과연 진지하고도 적극적인 신앙이 얼마나 있을 수 있는지에 관한 교훈이다. 제자들 안에서 겸손을 찾아보라. 제자들 안에는 예수님을 향한 강렬한 애정이 있었다. 제자들은 예수님을 위해 모든 것을 버렸었다. 하나님 아버지께서는 제자들에게 예수님이 하나님의 그리스도이심을 계시해주셨다. 제자들은 예수님을 믿었고 예수님을 사랑했으며 예수님의 계명에 순종했다. 다른 사람 모두 집으로 돌아갔을 때도 제자들은 예수님 곁에 굳게 붙어 있었다. 제자들은 예수님과 함께 죽겠다고 단단히 벼르고 있었다. 그러나 이러한 온갖 모습보다 훨씬 더 깊은 곳에는 제자들도 거의 의식하지 못했던 모습과 꺼림칙함이라는 어두운 권세가 자리 잡고 있었다. 그 권세는 죽임을 당하고 추방되어야 했으며, 그래야 제자들이 구원에 대한 예수님의 권능을 증거하는 참된 증인이 될 수 있었다.

그것은 지금도 여전히 마찬가지다. 우리가 때때로 스승과 목회자들, 복음 전도자와 사역자들, 선교사와 교사들을 찾아갈 수도 있을 것이다. 그 사람들에게 성령의 은사가 많이 나타나고, 그로 말미암아 수많은 사람에게 축복의 통로가 될 수 있다면 말이다. 그러나 시험을 받는 시기가 닥쳐오거나 좀 더 친밀한 교제를 통해 그 사람들에 대해 훨씬 더 알게 될 경우 영속적인 성품으로서 겸손의 은혜를 그 사람들에게서 찾아보기란 어렵다.

이런 식으로 모든 사람은 겸손이야말로 가장 중요하고도 가장 높은 차원의 은혜 가운데 하나라는 교훈을 확인해주는 경향이 있다. 곧 겸손은 가장 도달하기 어려운 미덕 가운데 하나이자 우리에게 가장 우선되고 중대한 노력을 기울여야 하는 성품 가운데 하나이다. 겸손은 성령 충만함을 통해 우리 안에 내주하시는 예수님께 동참하도록 하며 예수님이 우리 안에 살아계실 때라야 비로소 능력 있는 모습으로 나타나는 덕목이다.

둘째, 온갖 외적인 가르침과 모든 개인적인 노력이 교만을 정복하거나 온유하고 겸손한 마음을 갖도록 하기에 얼마나 역부족한가에 관한 교훈이다. 3년 동안 제자들은 예수님의 제자훈련학교에서 가르침을 받았다. 예수님은 제자들에게 가장 가르치고 싶었던 교훈이 무엇인지 분명히 말씀해주셨다.

"나는 마음이 온유하고 겸손하니 나의 멍에를 메고 내게 배우라. 그리하면 너희 마음이 쉼을 얻으리니"(마 11:29).

예수님은 제자들에게, 바리새인들에게, 무리에게 하나님의 영광에 이르는 유일한 길로써 겸손에 대해 거듭 말씀하셨다.

예수님은 거룩한 겸손을 보이는 하나님의 어린 양으로서 제자들과 더불어 살았을 뿐만 아니라 그분의 삶에 관한 가장 내밀한 비밀을 제자들에게 여러 번 털어놓으셨다.

"인자가 온 것은 섬김을 받으려 함이 아니라 도리어 섬기려 하고 자기 목숨을 많은 사람의 대속물로 주려 함이니라"(마 20:28).
"그러나 나는 섬기는 자로 너희 중에 있노라"(눅 22:27).

예수님은 제자들의 발을 씻어주시면서 제자들에게 자신을 본보기로 따르라고 말씀하셨다.

그러나 이 모든 것은 그다지 쓸모가 없었다. 최후의 만찬 자리에서도 여전히 제자들 사이에서는 누가 크냐에 관한 다툼이 계속되었다. 제자들은 분명히 예수님의 교훈을 배우려고 애썼으며 다시는 예수님을 슬프게 하지 않아야겠다고 굳게 결심하였지만 그와 같은 노력은 모두 허사로 돌아가고 말았다.

제자들과 우리에게 절실히 필요한 교훈을 가르치시는 것은 어떤 겉으로 드러나는 지시나 혹은 심지어 예수님 자신으로도 절대 쉽지 않은 일이었다. 아무리 설득력 있는 논증이나 아무리 심오한 겸손의 아름다움에 관한 감각이나 아무리 진실하고 간절한 개인적인 결단이나 노력으로도 교만이라는 사탄을 쉽게 쫓아낼 수는 없었다. 사탄이 사탄을 쫓아내면 그로 말미암아 오히려 훨씬 더 꼭꼭 숨어 있는 더욱 견고한 진을 새롭게 만들 뿐이다.

이럴 때 다음과 같은 방법 외에는 아무것도 쓸모가 없어진다. 오직 거룩한 겸손 안에서 새로운 본성이 옛 본성의 자리를 대신할 수 있도록, 늘 그런 것처럼 그 본성이 바로 우리의 본질로서 진실하게 자리 잡을 수 있도록 권능 가운데 계시되는 방법뿐이다.

셋째, 우리가 진정으로 겸손해지는 것은 오직 그분의 거룩한 겸손 안에서 그리스도의 내주하심을 통해서뿐이라는 교훈이다. 우리는 다른 존재, 곧 아담으로부터 물려받은 교만을 소유하게 된다. 그러나 이제 우리는 또 다른 존재, 곧 예수 그리스도로부터 겸손을 전수받아야 한다. 교만은 우리 자신이며 우리의 본질이기에 교만이 우리의 소유로 자리 잡게 되고 아주 무시무시할 정도의 권세로 우리 안에서 다스리고 있다.

그와 마찬가지로 겸손이 우리의 소유가 되어야 한다. 겸손 역시 우리 자신, 우리의 본성이 되어야 한다. 교만이 자연스럽고 손쉽게 우리 안에 자리 잡게 된 것처럼 겸손도 그렇게 되어야 하며 그렇게 될 것이다. 심지어 성경은 우리 마음에 관해서도 이렇게 약속한다. "그러나 죄가 더한 곳에 은혜가 더욱 넘쳤나니"(롬 5:20). 제자들에 대한 예수님의 모든 가르침과 제자들의 부질없는 노력은 예수님이 거룩한 능력 가운데 제자들 안으로 들어갈 수 있도록 도와주었던 필요한 준비과정이었다.

예수님은 십자가 위에서 돌아가심으로 사탄의 권세를 멸하셨으며 죄를 물리치셨으며 영원한 구속을 이루어내셨다. 예수님은 자신의 부활을 통해 하나님으로부터 전혀 새로운 삶, 하나님의 권능 가운데 살아가는 사람의 삶을 전수받으셨다. 그 삶은 다른 사람에게도 전수될 수 있는 것이었으며 그분의 신성한 능력을 통해 우리의 삶으로 들어와 새로워지고 충만해지는 것이었다.

예수님은 자신의 승천을 통해 하나님의 성령을 받으셨으며, 이 세상에 계시는 동안 스스로 할 수 없었던 일들에 관해서는 성령을 통해 할 수 있으셨으며, 바로 성령으로 말미암아 사랑하는 사람들과 자신을 하나 되게 할 수 있으셨다. 사실상 그 사람들에게 그분 자신의 삶을 살 수 있도록 해서 그분과 마찬가지로 겸손한 자세로 하나님 앞에서 살아갈 수 있게 하셨다. 왜냐하면 그 사람들 안에 살아계셨으며 생명을 불어넣었던 것은 바로 예수님 자신이었기 때문이다.

그리고 오순절에 예수님이 성령으로 다시 찾아오셔서 그 사람들을 소유하셨다. 그분의 가르침을 통해 이루어진 일에 대한 준비와 확신, 그 일에 대한 갈망과 소망의 깨달음은 오순절에 일어난 강력한 변화를 통해 제자들에게 더욱 완전해지게 되었다. 그리하여 베드로와 요한, 야곱의 삶과 서신에는 예수님의 가르침으로 모든 것이 돌변했다는 사실과 예수님이 제자들에 대해 갖고 계셨던 온유함과 고난의 정신을 증거하는 증언이 고스란히 담기게 되었다.

이러한 것들에 대해 우리는 무엇이라고 말할 것인가? 이 책을 읽는 독자들은 여러 부류의 사람들로 구성되어 있을 것이다. 이 문제에 관해 지금까지 아주 특별하게 생각해 본 적이 거의 없기에 그것이 교회와 모든 교인에게 사활이 걸린 문제만큼이나 굉장히 중요하다는 사실을 곧바로 깨닫지 못하는 사람들도 일부 있을 수 있다. 자신의 부족함 때문에 죄책감을 느껴온 사람들도 있을 것이다. 이 사람들은 매우 진지하게 온갖 노력을 기울였지만 결국에는 실패하고 낙담할 수밖에 없었던 경우이다.

또 다른 사람들은 영적인 축복과 능력에 대해 유쾌한 간증을 늘어놓을 수도 있지만 주변 사람들에게 여전히 부족해 보인다고 여겨지는 것들에 대해 꼭 필요한 확신을 가져본 적이 한 번도 없었을 수도 있다. 그리고 여전히 어떤 사람들은 이와 같은 은혜와 관련하여 우리 주님이 구원과 승리를 허락해주셨다고 담대하게 증언할 수도 있을 것이다. 그러나 한편으로 주님은 여전히 예수님의 충만한 분량에 이르기까지 얼마나 더 많은 것이 필요하며 어떻게 그것들을 기대해야 하는지를 계속해서 자세히 가르쳐주셨다.

우리가 어느 부류에 속하든지 간에 나는 예수님을 믿는 신앙 안에서 겸손이 차지해야 할 독특한 자리에 대한 더 깊은 확신을 모든 사람이 절박하게 추구해야 할 필요가 있다고 역설하고 싶다. 예수님의 겸손이 그분의 가장 중요한 영광, 그분의 가장 큰 계명, 그분의 가장 고상한 축복이라고 인식되지 않는 한 예수님이 요구하시는 것들을 실현할 가능성이 교회나 성도들에게는 거의 없다는 점을 역설하고 싶다.

이와 같은 은혜가 아직도 끔찍할 정도로 부족한 상황에서 제자들이 얼마나 멀리까지 나아갈 수 있었는지를 한번 심사숙고해 보기를 바란다. 다른 은사들은 우리를 만족시킬 수 없을지도 모른다는 사실을, 이와 같은 은혜의 부재야말로 하나님의 능력을 덧입고서도 전능하신 역사를 이룰 수 없는 이유라는 사실을 우리가 결코 이해하지 못하고 있다는 점에 관해 하나님께 기도하자. 바로 그 자리야말로 예수님과 마찬가지로 우리가 혼자서는 아무것도 할 수 없으며 오직 하나님만이 모든 것을 할 수 있다는 사실을 진정으로 알고 보여주는 곳이다.

교회가 아름다운 옷을 입고 겸손이 교회를 구성하는 지체와 사역자들에게 거룩한 아름다움으로 다가서는 때는 오직 우리 안에 내주하시는 예수님에 관한 진리가 성도들의 경험에서 요구되는 적절한 자리를 차지할 경우이다.

누구든지 하나님을 사랑하노라 하고 그 형제를 미워하면 이는 거짓 말하는 자니 보는 바 그 형제를 사랑하지 아니하는 자는 보지 못하는 바 하나님을 사랑할 수 없느니라. 요한일서 4:20.

하나님에 대한 우리의 사랑이 다른 사람들과 함께 나누는 일상적인 친교와 그로 말미암아 나타나는 사랑으로 측량될 수 있다고 생각하는 것은 위험천만한 일이다. 그 사랑에 관한 진리가 사람들과 살아가는 일상생활의 시험에 직면해서 어떤 식으로든 증명되는 때를 제외하고 하나님에 대한 우리의 사랑이 환상에 지나지 않으리라고 생각하는 것 또한 위험천만한 생각이다.

그것은 심지어 우리의 겸손에 관한 경우도 마찬가지다. 우리가 하나님 앞에서 겸손히 자신을 낮춘다고 생각하기란 아주 쉽다. 그러나 사람들을 향한 겸손이야말로 하나님 앞에서 우리의 겸손이 진실한지 아닌지를 보여주는 유일한 증거일 것이다. 그와 같은 겸손이야말로 우리 안에 견고한 자리를 차지하여 우리의 본성으로 바뀌어 있는지 아닌지, 우리가 실제로 예수님처럼 자기 자신에 대해 아무런 명성을 구하지 않게 되었는지 아닌지를 보여주는 유일하고도 충분한 증거일 것이다.

하나님의 임재 안에서 겸손히 마음을 낮추는 것이 하나님을 생각하면서 그분께 기도할 때만 잠깐 취하는 어떤 자세가 아니다. 우리 삶의 기본 정신으로 자리 잡게 될 때 그 겸손은 형제자매들을 향한 우리의 모든 태도에서 분명하게 모습을 드러내게 될 것이다.

이 교훈은 굉장히 중요한 교훈 가운데 하나이다. 진정으로 우리의 소유라고 할 수 있는 유일한 겸손은 기도하는 가운데 우리가 하나님 앞에서 보여주려고 억지로 노력하는 겸손이 아니라 일상생활 속에서 자연스럽게 우리의 처신을 통해 나타나고 실행되는 겸손이다. 아무리 사소한 일상생활이라도 영원이라는 관점에서 보면 굉장히 중요하며 영생에 대한 시험이라고 볼 수 있다. 왜냐하면 일상생활에서 벌어지는 여러 가지 사소한 일들이야말로 정말로 무엇이 우리를 소유하고 있는 정신인지를 분명히 증명해 보일 것이기 때문이다.

우리가 정말로 우리 모습을 보여주고 바라보게 되는 것은 바로 아무런 경계심이나 꾸밈이 없이 드러나는 그와 같은 순간이다. 겸손한 사람인지 아닌지를 알기 위해서는, 또한 겸손한 사람이 행동하는 방식을 알기 위해서는 당신이 직접 그 사람의 일상생활에서 이런저런 과정을 함께 따라다녀 보아야 한다.

이것이 바로 예수님이 가르치셨던 말씀이 아닌가? 예수님이 겸손에 관한 교훈을 가르치셨던 때는 제자들이 누가 가장 커야 하는지를 둘러싸고 다투던 바로 그때였다. 그것은 바리새인들이 잔치나 회당에서 가장 높은 자리에 앉기를 얼마나 좋아하는지 목격하셨던 바로 그때였다. 그것은 제자들의 발을 씻어주는 본보기를 보여주셨던 바로 그때였다. 하나님 앞에서의 겸손이 사람들 앞에서 겸손한 모습으로 증명되지 않는다면 그것은 아무것도 아니다.

그것은 바울의 가르침에서도 마찬가지다. 로마에 있는 성도들에게 바울은 이렇게 권면한다.

"형제를 사랑하여 서로 우애하고 존경하기를 서로 먼저 하며"(롬 12:10).

"서로 마음을 같이하며 높은 데 마음을 두지 말고 도리어 낮은 데 처하며 스스로 지혜 있는 체 하지 말라"(롬 12:16).

또한 고린도에 있는 성도들에게는 그 근본에 겸손 없는 사랑은 있을 수 없다고 말하면서 "사랑은 오래 참고 사랑은 온유하며 시기하지 아니하며 사랑은 자랑하지 아니하며 교만하지 아니하며 무례히 행하지 아니하며 자기의 유익을 구하지 아니하며 성내지 아니하며 악한 것을 생각하지 아니하며"(고전 13:4-5)라고 말한다.

갈라디아에 있는 성도들에게는 "형제들아 너희가 자유를 위하여 부르심을 입었으나 그러나 그 자유로 육체의 기회를 삼지 말고 오직 사랑으로 서로 종 노릇 하라. …헛된 영광을 구하여 서로 노엽게 하거나 서로 투기하지 말지니라"(갈 5:13,26)고 권면한다. 에베소에 있는 성도들에게는 멋진 천국생활에 대해 에베소서 3장을 할애한 직후에 "모든 겸손과 온유로 하고 오래 참음으로 사랑 가운데서 서로 용납하고"(엡 4:2), "범사에 우리 주 예수 그리스도의 이름으로 항상 아버지 하나님께 감사하며 그리스도를 경외함으로 피차 복종하라"(엡 5:20-21)고 말한다.

빌립보에 있는 성도들에게는 "아무 일에든지 다툼이나 허영으로 하지 말고 오직 겸손한 마음으로 각각 자기보다 남을 낫게 여기고 각각 자기 일을 돌볼뿐더러 또한 각각 다른 사람들의 일을 돌보아 나의 기쁨을 충만하게 하라. 너희 안에 이 마음을 품으라. 곧 그리스도 예수의 마음이니 그는 근본 하나님의 본체시나 하나님과 동등됨을 취할 것으로 여기지 아니하시고 오히려 자기를 비워 종의 형체를 가지사 사람들과 같이 되셨고 사람의 모양으로 나타나사 자기를 낮추시고 죽기까지 복종하셨으니 곧 십자가에 죽으심이라. 이러므로 하나님이 그를 지극히 높여 모든 이름 위에 뛰어난 이름을 주사"(빌 2:3-9)라고 권면한다.

그리고 골로새에 있는 성도들에게는 "그러므로 너희는 하나님이 택하사 거룩하고 사랑받는 자처럼 긍휼과 자비와 겸손과 온유와 오래 참음을 옷 입고 누가 누구에게 불만이 있거든 서로 용납하여 피차 용서하되 주께서 너희를 용서하신 것같이 너희도 그리하고 이 모든 것 위에 사랑을 더하라. 이는 온전하게 매는 띠니라"(골 3:12-14)고 말한다.

겸손에 관한 생각과 마음을 갖고 진정으로 겸허히 자신을 낮추는 모습이 제대로 나타나는 것은 서로에 대한 우리의 관계, 서로에 대한 우리의 처신을 통해서다. 거기에서 겸손이 나타나지 않는다면 하나님 앞에서 우리의 겸손은 아무런 가치가 없겠지만 한편으로 그러한 모습이 나타날 때 그것은 사람들에게 예수님의 겸손을 계시하도록 우리를 준비시켜준다. 이러한 말씀의 조명을 통해 일상생활에서 나타나는 겸손을 차분히 묵상해보자. 겸손한 사람은 언제나 이와 같은 규칙에 따라 행동하려고 노력한다. "서로 우애하고 존경하기를 서로 먼저 하라. 오직 사랑으로 서로 종노릇 하라. 자기보다 서로 남을 낮게 여기라. 그리스도를 경외함으로 피차 복종하라."

우리가 자주 던지는 질문은 이런 것이다. "다른 사람들이 지혜와 거룩함에 있어서, 천부적인 은사나 지금까지 받은 은혜에 있어서 우리보다 훨씬 뒤처지는 것처럼 보이는 경우 어떻게 우리가 자기보다 남을 낮게 여길 수 있을까?" 이 질문은 진정으로 겸허하게 생각을 낮추는 것이 무엇인지에 관해 우리가 얼마나 몰지각한지를 단번에 증명해준다. 참된 겸손은 하나님의 광명 아래 자기 자신을 아무것도 아닌 존재로 바라보면서 하나님이 전부가 되도록 자기 자신을 완전히 내놓고 내던지는 데 동의할 때 찾아온다.

이렇게 결단한 영혼은 이제 더는 다른 사람들과 자기 자신을 비교하지 않으면서 "그러니까 전 당신을 발견하느라 지금까지 저 자신을 완전히 잃어버리지 않았던가요?"라고 당당히 하나님께 말할 수 있다. 그것은 하나님의 임재 안에서 자신에 대한 모든 생각을 영원히 포기하는 것이다. 그것은 마치 아무것도 아닌 존재로, 자기 자신을 위해서는 아무것도 구하지 않는 존재로, 하나님의 종이자 스스로 모든 사람의 종인 존재로 사람들을 만나는 것이다.

신실한 종은 주인보다 더 지혜로울 수도 있지만 여전히 참된 종의 정신과 자세를 그대로 유지하고 있다. 겸손한 사람은 아무리 연약하고 가치 없을지라도 하나님의 모든 자녀를 존중하며 왕의 아들로서 그 사람을 공경하고 좋아할 것이다. 제자들의 발을 씻기셨던 예수님의 정신은 사실상 가장 작은 자가 되는 것조차도, 서로에게 종이 되는 것조차도 우리를 즐겁게 한다.

겸손한 사람은 아무런 질투심이나 시기심을 느끼지 않는다. 다른 사람들이 자기 앞에서 더 많은 칭찬을 받거나 복을 받더라도 그 사람은 하나님을 찬양할 수 있다. 그 사람은 자기 자신이 잊히고 다른 사람을 칭송하는 소리를 들어도 참을 수 있다. 왜냐하면 하나님의 임재 안에서 그 사람은 마치 바울처럼 "나는 아무것도 아니다"라고 고백하는 법을 배웠기 때문이다.

조급함과 과민함으로 나아가게 하는 여러 가지 유혹 가운데서, 다른 성도들의 잘못과 죄악에서 비롯되는 날카로운 언행으로 이끄는 여러 가지 시험 가운데서 겸손한 사람은 "누가 누구에게 불만이 있거든 서로 용납하여 피차 용서하되 주께서 너희를 용서하신 것같이 너희도 그리하고"(골 3:13)라는 말씀대로 살아가려고 애쓰는 모습을 보여준다.

그 사람은 예수 그리스도로 옷 입는 가운데 동정심과 친절함과 겸손함과 온유함과 오래 참음의 옷을 입는 법을 배웠다. 그리하여 예수님이 자아의 자리를 대신 차지하였으며 예수님이 용서하신 것처럼 자신도 용서를 베푸는 것이 전혀 불가능하지 않다. 예수님의 겸손은 단지 자기 비하에 관한 사상이나 말로만 이루어지는 것이 아니라 바울이 언급한 것처럼 동정심과 친절함과 겸손함과 온유함과 오래 참음으로 둘러싸인 겸손의 마음, 곧 하나님의 어린 양에게서 나타나는 흔적으로 인식되는 달콤하고도 겸허한 온유함으로 이루어진다.

좀 더 차원 높은 그리스도인의 삶을 경험하려고 애쓰는 가운데 성도들은 자주 담대함, 기쁨, 이 세상을 경멸하는 마음, 질투심, 자기희생처럼 더욱더 인간적이고 인위적인 미덕을 불러올 수 있는 것들을 목표로 삼아 오직 그것들만을 즐기려는 위험에 빠지게 된다. 심지어 고대 스토아 철학자들은 이와 같은 것들을 가르치고 훈련하고 권장하였다. 그러나 여기에서는 예수님이 이 세상에서 가장 먼저 가르치셨던 것들, 곧 더 심오하고 더 온유하고 더 신성하고 더욱 천상적인 은혜와 더불어 예수님의 십자가와 자아의 죽음과 더욱 명확하게 연결되는 것들, 곧 심령의 가난함, 온유함, 겸손함, 겸허함 따위는 거의 고려되지 않거나 가치 있게 여겨지지 않는다.

그러므로 우리는 더욱더 동정심과 친절함과 겸손함과 온유함과 오래 참음으로 가득한 마음을 옷 입어야 한다. 그리고 잃어버린 사람들을 구원하기 위한 열정에서뿐만 아니라 모든 사람 앞에서 형제들과 교제하는 과정에서도 우리는 주님이 우리를 용서하신 것처럼 서로 삼가고 용서하면서 예수님을 닮은 성품을 증명해 보여야 한다.

그리스도인들이여, 겸손한 사람에 대한 성경의 생생한 묘사를 진지하게 공부해보자. 그리고 주변 사람들이 우리에게서 성경의 원안을 닮은 모습을 인식할 수 있는지 아닌지를 다른 성도들과 세상에 물어보자. 이러한 본문을 각각 하나님이 우리 안에서 일하실 것들에 대한 약속의 말씀으로서, 예수님이 보내신 성령이 우리 안에서 새롭게 탄생시키실 것들에 대한 계시의 말씀으로서 받아들이자.

그리고 실패와 결점이 드러날 때마다 온유하고 겸손하신 하나님의 어린 양에게로 나아가 우리 자신도 겸손하고 온유한 모습으로 돌아가도록 자신을 촉구하자. 그분께서 마음속의 보좌에 앉으시는 곳에서, 그분의 겸손과 온유함이 우리 안에서부터 흘러넘치는 생명수의 시내 가운데 하나가 될 것임을 확신하면서 말이다.

다시 한번 앞서 언급한 이야기를 강조하고 싶다. 교회가 이처럼 신성한 겸손의 부족으로 인해 어떤 고난을 겪게 되는지에 관한 개념이 우리에게 거의 없다고 느끼기 때문이다. 하나님이 그분의 능력을 나타낼 만한 여지를 남겨놓을 수 있는 것이 교회 안에는 전혀 없다고 느끼기 때문이다.

겸손하고 사랑 넘치는 영을 가진 그리스도인이라면 머지않아 다양한 단체와 적지 않은 선교기관을 두루 알게 되겠지만 어떤 경우에 그러한 곳에서조차도 사랑과 관용의 정신이 몹시 부족하다는 사실에 서글퍼질지도 모른다. 그러니까 이 모든 것은 단 한 가지 원인 때문이다. 곧 자기 자신을 아무것도 아니라고 여기는 겸손, 기꺼이 지극히 작은 자가 되고 오히려 그렇게 여기기를 기뻐하는 겸손, 예수님처럼 오직 다른 사람들, 심지어 가장 낮고 무가치한 사람들에게조차도 종, 조력자, 위로자가 되려고 애쓰는 겸손이 부족하기 때문이다.

그리고 아무리 예수님을 위해 자기 자신을 기꺼이 내주는 사람들이라도 오히려 자기 형제자매들을 위해서는 자신을 포기하는 게 그토록 어렵게 여겨지는 이유를 교회에서 발견하기 때문이다. 그동안 교회에서는 예수님의 겸손이야말로 가장 첫 번째 되는 미덕이며, 성령이 허락하시는 모든 은혜와 능력 가운데 최고임을 하나님의 자녀들에게 거의 가르치지 않았다. 예수님과 마찬가지로 예수님을 닮은 겸손이 가장 우선적인 자리를 차지하고 가장 먼저 선포되는 것이야말로 가장 필요한 행실이며 가장 가능성 있는 사명임을 교회에서는 거의 증명해 오지 못했다.

그러나 절망하지 말자. 이와 같은 은혜가 부족함을 발견함으로써 하나님께 더 많은 기대감을 하게끔 분발하자. 우리를 시험에 들게 하거나 성가시게 구는 모든 형제자매를 하나님이 베푸시는 은혜의 수단으로, 우리를 정화하기 위해, 예수님이 우리 안에 생명을 불어넣어 겸손을 훈련하기 위해 사용하시는 하나님의 도구로 간주하자. 그리하여 하나님을 전부로, 자기 자신은 아무것도 아닌 존재로 바라볼 수 있는 믿음을 갖도록 노력하자. 우리 자신의 눈에는 아무것도 아니지만 오직 하나님의 능력으로 사랑 안에서 서로를 섬기기 위해 얼마든지 노력할 수 있다.

너는 네 자리에 서 있고 내게 가까이 하지 말라. 나는 너보다 거룩함
이라 하나니 이런 자들은 내 코의 연기요 종일 타는 불이로다. 이사
야 65:5.

무릇 자기를 높이는 자는 낮아지고 자기를 낮추는 자는 높아지리라.
누가복음 18:14.

우리는 이 시대에 나타난 성결 운동에 관해 이야기하면서 하나
님을 찬양한다. 우리는 거룩함을 추구하는 수많은 구도자, 거룩함을
고백하는 사람들, 거룩함에 관한 가르침, 그리고 거룩함을 위한 모
임들에 대한 소식을 듣는다. 예수님 안에 있는 거룩함에 관한 복된
진리들, 그리고 믿음으로 말미암은 거룩함이 예전에는 결코 들어볼

수 없을 만큼 많이 강조되고 있다. 우리가 추구하거나 도달하겠다고 고백하는 거룩함이 진리와 생명인지 아닌지를 알아볼 수 있는 가장 커다란 척도는 그 거룩함으로 말미암아 생겨나는 겸손이 점차 커지고 명백하게 드러나는지일 것이다.

모든 피조물 안에서 겸손은 그 피조물 안에 내주하면서 그 피조물을 통해 하나님의 거룩함을 빛나게 하는 유일한 요소이다. 예수님 안에서 우리를 거룩하게 하는 하나님의 거룩한 존재, 곧 신성한 겸손은 그 피조물의 삶과 죽음, 그리고 고양(高揚)을 위한 비밀이었다. 우리의 거룩함을 시험해 볼 수 있는 유일하고도 무한한 기준은 하나님과 사람들 앞에서 우리를 특징짓는 겸손일 것이다. 겸손은 거룩함을 활짝 꽃피운 화관이자 아름다움 그 자체이다.

가짜 성결에서 가장 눈에 띄는 점은 겸손의 부족이다. 거룩함을 추구하는 모든 구도자는 무의식적으로 육신의 완벽함을 추구하려는 정신에서 시작된 무언가를 쫓으면서 그 존재를 거의 예상하지 못한 곳에서 교만이 슬며시 기어들지 않도록 주의를 기울여야 한다.

두 사람이 기도하러 성전으로 올라갔다. 한 사람은 바리새인이었고 다른 사람은 세리였다. 바리새인은 스스로 너무나 거룩하다고 여긴 나머지 들어갈 수 없는 장소나 자리가 하나도 없었다. 그 바리새인은 너무나 교만한 나머지 하나님의 성전에서도 고개를 빳빳이 처들 수 있었으며 바리새인의 예배는 스스로 자기를 높이는 모습으로 나타났다. 예수님이 바리새인의 교만을 적나라하게 폭로하신 이후로도 바리새인은 계속해서 세리보다 눈에 띄는 자리를 차지하려고 했다. 이렇듯 가장 거룩하다고 고백하는 사람과 마찬가지로 스스로 깊은 죄악을 고백하는 사람 역시 마음을 놓지 않고 주의를 기울여야 한다.

우리가 자기 마음을 하나님의 성전으로 바꾸기 위해 열심히 노력하고 있는 바로 그때 우리는 자기 마음속에서 두 사람이 함께 기도하러 올라오는 모습을 목격하게 될 것이다. 이때 세리는 자기 옆에서 자신을 경멸하는 외부의 바리새인으로부터 위험한 상황이 초래되는 게 아니라 자신을 칭찬하고 높이는 내부의 바리새인으로부터 위험이 초래된다는 사실을 발견하게 될 것이다. 하나님의 성전에서 우리가 다른 누구보다 가장 거룩하다고 생각하는 순간 그분의 거룩한 임재 가운데서도 서서히 교만이 싹트기 시작한다는 점에 주의해야 한다. "하루는 하나님의 아들들이 와서 여호와 앞에 섰고 사탄도 그들 가운데에 온지라"(욥 1:6).

바리새인은 "하나님이여 나는 다른 사람들 곧 토색, 불의, 간음을 하는 자들과 같지 아니하고 이 세리와도 같지 아니함을 감사하나이다. 나는 이레에 두 번씩 금식하고 또 소득의 십일조를 드리나이다"(눅 18:11-12)라고 기도드렸다. 이처럼 자아가 자기만족의 원인을 발견하는 것은 우리가 하나님께 올려드리는 감사 안에서, 바로 그 고백 안에서도 가능하다. 그렇다. 심지어 성전 안에서 오직 하나님의 긍휼에 대한 회개와 신뢰의 언어를 소리 높여 부르짖을 때조차도, 그 바리새인은 찬양곡을 손에 들고서 하나님께 감사한다고 말하는 가운데서도 오히려 자기 자신에게 축하와 만족을 표시할 수도 있다. 교만은 얼마든지 위선적으로 찬양이나 회개의 옷을 입을 수 있다.

비록 흔히 "나는 다른 사람들과 같지 않다"라는 말이 거부되고 정죄 되기는 하지만 바리새인들과 같은 생각은 다른 예배자와 다른 그리스도인들을 대하는 우리의 감정과 언어 안에서 너무나 자주 발견되고 있다. 그렇다면 이것이 정말로 그런지 아닌지를 어떻게 알 수 있을까? 일단 그리스도인들이 서로에 관해 이야기하는 방식에 주의 깊게 귀 기울여보라. 거기에서 예수님의 온유함과 상냥함이 얼마나 적게 드러나는가! 깊은 겸손이야말로 예수님의 종들이 자기 자신이나 서로에게 이야기해야 할 내용 가운데 가장 기본적인 원칙으로 자리 잡고 있어야 한다.

흔히 성도라고 여겨져 온 사람들이 과민함과 성급함과 조바심으로, 자기방어와 자기주장으로, 날카로운 판단과 불친절한 말로 각각 다른 사람들을 자신보다 더 잘 헤아리지 못했다. 또한 자신의 거룩함이 다른 성도들의 온유함에 훨씬 미치지 못한다는 사실 때문에 조화가 깨지고 하나님의 일이 방해되는 수많은 교회나 교단, 수많은 학회나 위원회, 심지어 이방 나라에서 멀어진 수많은 선교 단체가 존재하지 않는가?

우리는 자신의 영적 이력에서 자신을 낮추고 깨어진 마음을 품었던 시기가 있었을 수도 있다. 하지만 이것이 겸손으로 옷 입는 것,

겸손한 영을 갖는 것, 자기 자신을 다른 사람의 종으로 여길 정도로 겸손히 마음을 낮추어서 예수님 안에도 존재했던 바로 그 마음을 보여주는 것과 같을 수 있다고 어찌 말하겠는가?

"너는 네 자리에 있고 내게로 가까이 오지 말라. 나는 너보다 거룩하기 때문이다!" 거룩함에 관한 이 얼마나 놀라운 풍자란 말인가! 거룩한 자인 예수님은 겸손하신 분이다. 가장 거룩한 자는 항상 가장 겸손한 자일 것이다. 하나님 이외에는 거룩한 자가 아무도 없다. 우리는 하나님을 소유하는 만큼만 거룩함을 소유하게 된다. 그리고 우리가 하나님을 소유하는 정도에 따라서 진정으로 겸손하게 된다. 왜냐하면 겸손이란 하나님이 전부라는 관점에서 자아를 사라지게 하는 것에 지나지 않기 때문이다. 가장 거룩한 자는 가장 겸손한 자가 된다.

아, 슬프도다! 비록 이사야 시대에 뻔뻔스럽게 자랑하던 유대인조차 흔히 깨닫지 못했을지라도, 심지어 우리 시대의 예의범절조차 그런 식으로 말하지 않도록 우리를 가르쳐 왔을지라도 다른 성도들을 다루든지 세상의 아들들을 다루든지 간에 거기에서 여전히 자신을 내세우는 생각이 얼마나 자주 드러나지 않았던가!

비록 우리가 세리의 옷을 입고 있을지라도 어떤 견해가 제시되고 어떤 일이 추진되고 어떤 단점이 드러나는 정신 상태에서 얼마나 자주 그 목소리에는 여전히 바리새인의 소리가 담겨 있단 말인가! "하나님, 감사합니다. 나는 남의 것을 빼앗는 자나 불의한 자나 간음

하는 자와 같은 다른 사람들과 같지 않으며 더구나 이 세리와는 같지 않습니다. 나는 이레에 두 번씩 금식하고 내 모든 소득의 십일조를 바칩니다."

그러면 사람들이 여전히 자기 자신을 모든 사람의 종으로 "모든 성도 가운데 지극히 작은 자보다도 더 작다"라고 여기는 그와 같은 겸손을 과연 찾아볼 수 있을까? 물론 있다.

"사랑은 오래 참고 사랑은 온유하며 시기하지 아니하며 사랑은 자랑하지 아니하며 교만하지 아니하며 무례히 행하지 아니하며 자기의 유익을 구하지 아니하며 성내지 아니하며 악한 것을 생각하지 아니하며"(고전 13:4-5).

사랑의 정신이 마음속에서 널리 퍼져나가는 곳, 거룩한 본성이 충분히 발현되는 곳, 곧 하나님의 온유하고 겸손한 어린 양이 내면에서 자리 잡은 곳에는, 그 마음이 아무리 연약할지라도 자신을 잊어버리고 다른 사람을 축복하고 다른 사람을 인내하며 다른 사람을 존중하는 온전한 사랑의 능력이 나타난다. 이와 같은 사랑이 들어가는 곳에는 하나님도 들어가신다. 그리고 하나님이 권능 가운데 거기로 들어가신 다음, 전부로서 자기 자신을 계시하시는 곳에서 피조물은 아무것도 아닌 존재가 된다. 그리고 피조물이 하나님 앞에서 아무것도 아닌 존재가 되는 곳에서 그 피조물은 다른 세계를 향해 단지 겸손해질 수밖에 없다.

다른 사람을 향한 우리의 생각과 언행과 감정은 하나님을 향한 우리의 겸손을 떠보는 하나님의 시험이며, 하나님 앞에서 보여주는 겸손은 우리가 다른 사람에게 항상 겸손할 수 있게 하는 유일한 힘이다. 그러므로 우리의 겸손은 우리 안에 있는 하나님의 어린 양이신 예수님의 생명이어야 한다.

강단에서든 연단에서든 거룩함을 가르치는 모든 선생, 그리고 조그만 사실(私室)에서든 거대한 집회에서든 거룩함을 추구하는 모든 구도자는 이와 같은 경고에 귀를 기울여야 한다. 사실 본래부터 너무나 위험스러운 교만이란 있을 수 없다. 왜냐하면 그 어떤 것도 거룩함에 대한 교만으로서 지나치게 미묘하거나 교활하지는 않기 때문이다. 어떤 사람이 항상 "너는 네 자리에 있고 내게로 가까이 오지 말라. 나는 너보다 거룩하기 때문이다"라고 말하거나 항상 그렇게 생각하는 것은 아니다. 실제로는 그렇지 않다. 그와 같은 생각은 일종의 혐오감으로 간주할 수 있다.

그러나 영혼의 숨겨진 습관은 전혀 의식하지 못하는 사이에 점점 자라나 자신의 성취감을 통해 자기만족을 느끼면서 오직 얼마나 멀리까지 다른 사람들보다 앞서나가고 있는지를 바라볼 수밖에 없게 한다. 그와 같은 습관은 항상 어떤 특별한 자기 과시나 자기 찬사를 통해 드러나기보다는 오히려 하나님의 영광을 드러내는 영혼의 표지(욥 42:5-6, 사 6:5 참조)일 수밖에 없는 그런 깊은 자기비하의 부재를 통해 더욱 적나라하게 드러날 수 있다.

그와 같은 습관은 언행이나 사고에서뿐만 아니라 다른 사람들에게 말하는 어조나 말투, 말하는 방식으로, 영 분별의 은사를 가진 사람이라면 충분히 자아의 힘을 인식할 수밖에 없는 방식으로 자기 모습을 드러낸다. 심지어 날카로운 눈을 가진 세상조차도 그것을 목격하고 아무리 천상의 삶에 관한 멋진 고백을 늘어놓더라도 아무런 특별한 천상의 열매를 맺지 못하고 있다는 증거로써 그와 같은 모습을 지적한다.

사랑하는 형제자매여, 단단히 깨어서 성결을 향해 한 걸음씩 앞으로 나아가자. 하지만 그런 가운데서도 만약 우리가 겸손에 관한 공부를 점점 더 많이 해나가지 않는다면, 우리가 아무리 아름다운 생각과 감정을, 성별과 믿음에 관한 근엄한 행위를 기뻐한다고 하더라도 하나님의 임재에 관해 유일하게 확실한 표지인 자기 부인이 언제나 부족하다는 사실을 발견할 수밖에 없을 것이다. 그러므로 이리로 와서 예수님에게로 피해 그분 안에 우리 자신을 숨기도록 하자. 우리가 그분의 겸손으로 옷 입을 때까지 말이다. 오직 그것만이 우리의 유일한 거룩함이다.

그리스도 예수께서 죄인을 구원하시려고 세상에 임하셨다 하였도
다. 죄인 중에 내가 괴수니라. 디모데전서 1:15.

겸손은 종종 참회나 회개와 동일시되기도 한다. 그 결과 한 영혼
을 단지 죄악에 사로잡힌 채로 계속 내버려 둔다면 도무지 그 사람
에게 겸손을 불러일으킬 만한 방법이 없는 것처럼 보이게 된다. 우
리는 겸손이란 다른 어떤 것, 그보다 더 나은 무엇이라고 늘 배워왔
다. 우리는 예수님의 가르침과 사도들의 서신에서 얼마나 자주 죄와
는 아무런 관련 없는 겸손의 미덕을 가르치고 있는지를 목격해왔다.
만물의 속성상, 피조물과 창조주 사이의 전반적인 관계에서 예수
님이 그렇게 살아가셨으며 우리에게 나누어주신 그분의 삶에서 겸손

은 축복의 본질인 만큼이나 거룩함의 본질이기도 했다. 겸손은 하나님을 보좌에 앉게 함으로써 자아를 그 자리에서 내려오게 하는 것이다. 하나님이 전부이신 곳에서 자아는 아무것도 아닌 존재가 된다.

그러나 비록 내가 특별히 강조해야 할 필요가 있다고 느껴 온 것이 바로 이와 같은 진리의 양상이라 하더라도 나는 인간의 죄와 하나님의 은혜가 성도들의 겸손에 대해 제시하는 새로운 깊이와 강도가 어떤 것인지를 새삼 언급할 필요는 없다고 생각한다. 우리는 단지 사도 바울처럼 인간을 바라보아야 할 뿐이며 죄인으로 살아왔던 뿌리 깊은 양심이 어떻게 오랫동안 소멸할 수 없을 만큼 끈질기게 살아 있는지를 속죄 제물로 드려진 거룩한 인간으로서 자신의 삶을 통해 정확히 바라보아야 할 뿐이다.

우리는 사도 바울이 박해자와 신성모독자로서 자신의 삶에 관해 언급하는 말씀을 매우 잘 알고 있다.

"나는 사도 중에 가장 작은 자라. 나는 하나님의 교회를 박해하였으므로 사도라 칭함받기를 감당하지 못할 자니라. 그러나 내가 나 된 것은 하나님의 은혜로 된 것이니 내게 주신 그의 은혜가 헛되지 아니하여 내가 모든 사도보다 더 많이 수고하였으나 내가 한 것이 아니요 오직 나와 함께하신 하나님의 은혜로라"(고전 15:9-10).

"모든 성도 중에 지극히 작은 자보다 더 작은 나에게 이 은혜를 주신 것은 측량할 수 없는 그리스도의 풍성함을 이방인에게 전하게 하시고 영원부터 만물을 창조하신 하나님 속에 감추어졌던 비밀의 경륜이 어떠한 것을 드러내게 하려 하심이라"(엡 3:8-9). "내가 전에는 비방자요 박해자요 폭행자였으나 도리어 긍휼을 입은 것은 내가 믿지 아니할 때에 알지 못하고 행하였음이라. 우리 주의 은혜가 그리스도 예수 안에 있는 믿음과 사랑과 함께 넘치도록 풍성하였도다. 미쁘다. 모든 사람이 받을 만한 이 말이여. 그리스도 예수께서 죄인을 구원하시려고 세상에 임하셨다 하였도다. 죄인 중에 내가 괴수니라"(딤전 1:13-15).

하나님의 은혜가 바울을 구원하였다. 하나님은 이제 영원토록 바울의 죄를 더는 기억하지 않으신다. 그러나 바울은 자신이 얼마나 끔찍한 죄악을 저질렀는지 결단코 잊어버릴 수 없었다. 바울이 하나님의 구원을 더 많이 기뻐할수록, 하나님의 은혜에 대한 경험이 말할 수 없는 기쁨으로 점점 더 많이 바울을 채울수록 자신은 구원받은 죄인이며 죄인이라는 의식이 구원을 더욱 소중하게 만들었을 것이다. 바울은 하나님이 두 팔로 자신을 안아서 번쩍 들어 올린 다음 그분의 사랑으로 관을 씌워주신 죄인이었다는 사실을 단 한순간도 잊지 않았다.

조금 전에 우리가 인용한 본문은 날마다 죄를 짓는 삶에 대한 바울의 고백이라고 흔히 받아들여진다. 우리는 그 말씀들의 연관성을 생각하면서 조심스럽게 그 본문을 읽어야 한다. 그 본문에는 훨씬 더 깊은 의미가 담겨 있기 때문이다. 그 본문은 영원토록 지속되는 것에 관한 언급이다. 어린 양의 보혈로 자신의 죄악을 깨끗이 씻은 사람으로서 그 보좌 앞에서 자신을 희생제사로 드리겠다고 서약한 겸손에 대해 놀라움과 경탄을 느끼면서 토해내는 깊고 나지막한 목소리를 전해준다.

아무리 영광 가운데 있다 하더라도 그 사람들은 희생제물로 드려진 죄인들을 넘어서는 다른 어떤 존재가 될 수는 없다. 하나님의 자녀는 이 세상에서 그분의 사랑이라는 충만한 빛 가운데 결코 살 수 없을 것이다. 이 자녀가 받은 구원이야말로 은혜가 약속해온 모든 것을 주장할 수 있는 유일한 권리라는 소유권을 갖지 않는다면 말이다.

처음에는 이 자녀가 죄인으로서 보여주었던 겸손이 이제는 훨씬 더 새로운 의미를 얻게 된다. 이 자녀가 겸손이 어떻게 자신을 하나의 피조물이 되게 하는지를 제대로 배우게 될 때 말이다. 그 가운데서 이 자녀가 하나의 피조물로 태어나도록 도와주었던 겸손은 그 이후에도 계속 되풀이하여 하나님의 놀라운 구속적인 사랑에 대한 기념비가 될 만한 것들을 기억하는 가운데 가장 깊고 부요한 경배의 상태를 유지하게 한다.

사도 바울의 이러한 표현들이 우리에게 가르쳐주는 것들에 대한 진정한 중요성은 바울의 전반적인 그리스도인의 행로를 통해 우리가 바울의 필적(筆跡)으로부터, 심지어 우리에게 가장 강력하게 개인적인 속내를 털어놓고 있는 그러한 서신들에서조차도 죄에 대한 고백 같은 것을 결코 발견할 수 없다는 놀라운 사실에 주목할 때 훨씬 더 강력하게 드러나게 된다.

어떤 단점이나 결점에 대한 언급은 아무 데도 없으며 어떤 임무를 수행하지 못했다거나 온전한 사랑의 법에 맞서 죄를 지었다고 독자들에게 솔직히 털어놓는 아무런 암시도 없다. 그와 반대로 바울이 하나님과 사람들 앞에서 흠 없는 삶을 살았다고 당당하게 항변하지 못한다면 자신의 삶은 아무런 의미가 없다는 말로 자기 결백을 주장하는 말씀은 많이 있다.

> "우리가 너희 믿는 자들을 향하여 어떻게 거룩하고 옳고 흠 없이 행하였는지에 대하여 너희가 증인이요 하나님도 그러하시도다"(살전 2:10).
> "우리가 세상에서 특별히 너희에 대하여 하나님의 거룩함과 진실함으로 행하되 육체의 지혜로 하지 아니하고 하나님의 은혜로 행함은 우리 양심이 증언하는 바니 이것이 우리의 자랑이라"(고후 1:12).

이것은 단순한 이상이나 열망이 아니다. 그것은 지금까지 자신의 실제 삶이 어떠했는지에 대한 강력한 호소이다. 바울에게서 이처럼 죄에 대한 고백이 없는 이유에 대해 우리가 아무리 잘 설명할 수 있다 하더라도 모든 사람은 반드시 성령의 능력 안에서 살아가는 바울의 삶을 배울 필요가 있다. 비록 오늘날 우리 시대에는 그것이 거의 실현되거나 기대되지 않는 삶이라 하더라도 말이다.

사도 바울이 하나님의 은혜를 입기 전에 저질렀던 너무나도 끔찍한 죄에 대한 깊은 기억과 현재 죄를 짓지 않겠다는 자각, 그리고 언제나 우리 안으로 들어올 준비가 되어 있는 숨겨진 죄의 권세에 대한 지속적인 기억은 서로 연결되어 있다. 단지 우리 안에 내주하시는 예수님의 임재와 능력으로 방어되고 있을 뿐이다.

"내 속 곧 내 육신에 선한 것이 거하지 아니하는 줄을 아노니 원함은 내게 있으나 선을 행하는 것은 없노라." 로마서 7장 18절의 이러한 고백은 육신에 종말을 고해야 하는 것으로 묘사되고 있다. 또한 로마서 8장 2절의 "이는 그리스도 예수 안에 있는 생명의 성령의 법이 죄와 사망의 법에서 너를 해방하였음이라"고 선포한 영광스러운 구원의 말씀은 육신의 소멸이나 성화가 아니라 우리 몸의 행위를 절제시킴으로써 성령께서 허락하시는 지속적인 승리에 지나지 않을 뿐이다.

건강이 질병을 몰아내고 빛이 어둠을 삼키며 생명이 죽음을 정복하듯이 성령을 통한 예수님의 내주하심은 영혼의 건강이자 빛이요 생명이다. 그러나 이와 더불어 무기력함과 위험에 대한 확실한 두려움은 항상 성령의 순간적이고 중단되지 않는 행위에 대한 믿음을 약화시켜, 가장 차원 높은 믿음과 기쁨을 오직 하나님의 은혜로만 살아가는 겸손에 따르는 부속물로 생각하게 하고 절대적인 의존성에 대한 감각을 누그러뜨려 놓는다.

위에서 인용한 말씀들은 모두 바울에게 허락된 놀라운 은혜였음을 보여주고 있으며 그 가운데서 바울은 너무나 깊이 겸손히 자신을 낮출 필요성을 매 순간 느꼈다. 그리하여 하나님의 은혜가 바울과 함께 있었으며, 또한 그 은혜는 바울이 다른 모든 사람보다 훨씬 더 넉넉히 수고할 수 있게 만들었다.

이방인들에게 말씀을 전파하는 은혜는 예수님의 헤아릴 수 없는 부요함이었다. 그것은 예수 그리스도 안에 있는 믿음과 사랑의 부요함을 훨씬 넘어서는 은혜였다. 그것은 바로 한때는 죄를 지었고 죄를 짓기 쉬운 상태이며 너무나 강력하게 살아 있는 의식을 지키려고 몸부림쳤던 은혜(그것이 바로 죄인들을 위한 은혜의 성격과 영광이다)였다.

> "율법이 들어온 것은 범죄를 더하게 하려 함이라. 그러나 죄가 더한 곳에 은혜가 더욱 넘쳤나니"(롬 5:20).

이것은 어떻게 은혜의 본질이 죄를 다루고 죄를 물리치는지, 그리고 어떻게 항상 그런 모습을 유지해야 하는지를 잘 드러내 보여준다. 더욱 풍성하게 은혜를 경험할수록 더욱 강렬하게 죄인임을 자각하게 된다. 그러므로 어떤 사람에게 자신이 어떤 죄인이었는지를 보여주고 상기시켜 진정으로 겸손하게 하는 것은 죄라기보다는 하나님의 은혜이다. 정말이지 나 자신이 죄인임을 알게 만들어 죄인의 자리를 내가 한 번도 떠났던 적이 없다는 자기비하의 자리로 만드는 것은 죄라기보다는 은혜이다.

강하게 자기 자신을 정죄하고 비난함으로써 스스로 겸비하기를 추구하는 사람들이 상당히 많다는 사실은 매우 염려스럽다. 친절함과 연민, 온유함과 관용을 비롯하여 겸손한 정신, 곧 겸손의 마음은 여전히 그 어느 때보다 까마득하다고 안타깝게 고백해야 한다는 사실이 매우 우려된다. 심지어 가장 깊은 자기 혐오감을 드러내는 와중에서조차도 자아에 지배되는 것은 결코 우리를 자아로부터 자유롭게 벗어나게 할 수 없다. 우리를 겸손하게 하는 것은 죄를 정죄하는 율법을 통해서 뿐만 아니라 죄로 말미암아 전달되는 그분의 은혜를 통한 하나님의 계시이다. 율법은 두려움과 함께 마음을 깨뜨릴 수도 있다.

제2의 본성으로서 영혼에 기쁨을 주는 그와 같은 달콤한 겸손을 가능하게 하는 것은 오직 은혜뿐이다. 아브라함과 야곱, 욥과 이사야를 그토록 겸허하게 무릎 꿇게 만든 것은 그분의 은혜 안에서 그분 자신을 알리기 위해 그분 가까이 이끌어가는, 그분의 거룩함 안에서 이루어지는 하나님의 계시였다. 아무것도 아닌 존재인 피조물 전부이신 창조주 하나님, 죄악 가운데 있는 죄인의 전부로서 은혜를 베푸시는 구속주 하나님을 신뢰하고 예배하고 기다리면서 그분의 임재로 너무나 가득하여 자아를 위한 여지를 도무지 찾을 수 없는 상태를 발견하는 것은 바로 그 겸손한 영혼뿐이다.

그러므로 오직 이 약속만이 성취될 수 있다.

"그날에 자고한 자는 굴복되며 교만한 자는 낮아지고 여호와께서 홀로 높임을 받으실 것이요"(사 2:17).

예수님과 성령님을 통해 하나님 앞으로 나아와 자신을 겸손히 낮출 수밖에 없는 것은 하나님의 거룩한 구속적인 사랑의 충만한 빛 가운데, 신성한 사랑의 충만한 내재 가운데 살아가는 죄인이다. 이처럼 당신이 죄에 사로잡히는 것이 아니라 하나님께 사로잡히는 것은 자아로부터 구원을 가져온다.

너희가 서로 영광을 취하고 유일하신 하나님께로부터 오는 영광은
구하지 아니하니 어찌 나를 믿을 수 있느냐. 요한복음 5:44.

얼마 전 어떤 강연에서 강사는 높은 차원의 그리스도인의 삶을
살아가면서 얻는 축복은 흔히 상품진열창 안에 가지런히 놓인 물건
들과 같다고 말했다. 누구든지 그 물건들을 또렷하게 바라볼 수는
있지만 직접 손으로 만질 수는 없다. 만약 누군가가 손을 내밀어 그
것들을 집어 들어보라고 한다면 그 사람은 분명 두꺼운 유리 때문에
그렇게 할 수 없다고 대답할 것이다.

이와 마찬가지로 그리스도인들은 완전한 평화와 안식, 흘러넘치
는 사랑과 기쁨, 영속적인 친교와 풍성한 열매에 대한 복된 약속을

명확하게 바라볼 수는 있다. 하지만 그것들을 자신의 것으로 만들 수는 없다. 왜냐하면 그 약속과 우리 사이에는 그것들을 소유하지 못하도록 방해하는 무엇인가가 존재하기 때문이다. 그것은 다름 아닌 바로 교만이다.

믿음으로 이루어지는 약속들은 너무나 확실하고 자유롭다. 각종 초대와 권면은 너무나 강력하다. 충분히 기댈 수 있는 하나님의 강력한 능력은 너무나 가깝고 무한하다. 그리하여 오히려 그것이 믿음을 방해하고 우리 것이 되지 못하도록 온갖 축복을 가로막는 요인으로 작용할 수도 있다. 앞서 제시한 본문에서 예수님은 믿음이 불가능하게 하는 것은 교만이라는 사실을 우리에게 분명히 드러내고 계신다.

"너희가 서로 영광을 취하고 유일하신 하나님께로부터 오는 영광은 구하지 아니하니 어찌 나를 믿을 수 있느냐"(요 5:44).

그 본질상 교만과 믿음은 서로 양립할 수 없다는 사실을 아는 것처럼 우리는 믿음과 겸손이야말로 본질에서 하나임을 깨닫게 될 것이다. 그리고 우리가 참된 겸손을 소유하는 것보다 더 큰 참된 믿음을 소유할 가능성은 결단코 없다. 우리는 그 마음속에 교만을 품고 있으면서도 사실상 진리에 대해 강력한 지적인 신념과 확신을 소유할 수도 있다는 놀라운 사실을 깨닫게 될 것이다. 그러나 교만은 하나님의 능력으로 충만한 믿음을 불가능하게 한다는 끔찍한 사실도

머지않아 깨닫게 될 것이다.

우리는 단지 믿음이 무엇인지를 잠시 생각해 볼 필요가 있다. 믿음이란 하나님이 일하시게 하도록 자신의 무기력함과 나는 아무것도 아닌 존재라는 고백, 절대적인 순복과 기다림이다. 믿음이란 본질에서 존재할 수 있는 가장 겸손한 것, 단지 은혜가 베풀어주는 것이외에는 다른 아무것도 주장하거나 얻거나 행할 수 없는 절대적인 의존자로서의 우리 위치를 순순히 받아들이는 것이다.

겸손은 단순히 신뢰 가운데 살아가도록 그 영혼을 위해 준비된 성품이다. 자아 추구, 자기 의지, 자기 확신, 또는 자기 찬양을 통해 나타나는 온갖 교만의 숨결, 심지어 가장 은밀한 교만의 숨결은 단지 하나님의 나라에 들어갈 수 없거나 하나님의 나라에 있는 것들을 소유할 수 없게 하는 그와 같은 자아를 강화하는 것에 지나지 않는다. 왜냐하면 교만은 하나님이 그분 자신이 마땅히 취해야 할 모습, 곧 만유의 주재가 되지 못하도록 하기 때문이다.

믿음은 천상의 세계와 축복에 대한 감지와 이해를 위한 감각 기관이다. 믿음은 하나님에게서 오는, 오직 하나님이 전부이신 곳에서 비롯되는 영광을 추구한다. 우리가 서로에게서 영광을 취하는 한, 우리가 항상 이생의 영광을 추구하고 사랑하고 질투하는 마음을 지키려고 애쓰는 한, 우리가 사람들로부터 찾아오는 명예와 명성을 추구하는 한 우리는 하나님으로부터 비롯되는 영광을 추구하지도 못하고 받을 수도 없다. 교만은 믿음을 불가능하게 한다.

구원은 십자가와 더불어 십자가에 달리신 예수님을 통해 찾아온다. 구원은 십자가의 정신 안에서 십자가에 달리신 예수님과 나누는 교제이다. 구원은 예수님의 겸손과 연합하는 것이자 예수님의 겸손 안에서 누리는 기쁨이다. 구원은 예수님의 겸손에 동참하는 것이다. 교만이 여전히 우리를 지배하고 있을 때 우리의 믿음은 너무나 연약해진다. 그런데도 우리는 구원에서 가장 필요하고도 복된 부분인 겸손을 갈망하거나 기도하는 법을 배우려 하지 않는다.

성경에서는 사람들이 알고 있는 것보다 훨씬 더 많이 겸손과 믿음을 아주 친밀하게 연결하고 있다. 예수님의 삶에서 겸손을 살펴보라. 예수님이 훌륭한 믿음에 관해 이야기하신 두 가지 경우가 있다. 백부장의 믿음을 보고 깜짝 놀라셨던 우리 주 예수님은 그의 믿음에 대해 이렇게 말씀하셨다. "내 집에 들어오심을 나는 감당하지 못하겠나이다"(눅 7:6)라는 백부장의 말에 "이스라엘 중에서도 이만한 믿음은 만나보지 못하였노라"(눅 7:9)고 그의 믿음을 칭찬하셨다.

"선생님, 그렇긴 합니다만 상 밑에 있는 강아지도 아이들이 먹다 떨어뜨린 부스러기는 얻어먹지 않습니까?"라고 대꾸하면서 개와 같은 취급에도 아랑곳하지 않던 여인에게 "여자여 네 믿음이 크도다. 네 소원대로 되리라"(마 15:28)고 말씀하시지 않았던가! 한 영혼이 하나님 앞에서 아무것도 아닌 존재로 자신을 낮추고, 또한 믿음으로 나아가지 못하도록 가로막는 모든 장애물을 없애고 전적으로 하나님을 신뢰하지 않음으로써 그분을 불명예스럽게 만들지 않을까 두려워하게 하는 것은 오직 겸손뿐이다.

우리가 거룩함을 추구하는 데서 실패하는 원인이 바로 여기에 있다. 비록 우리가 그 사실을 제대로 몰랐을지라도 우리의 성별과 믿음을 너무나 피상적이고 일시적으로 하는 것이 바로 이것이다. 어느 정도의 교만과 자아가 우리 안에서 작동하고 있는지를, 그리고 어떻게 그분의 찾아오심과 강력한 능력을 통해 오직 하나님 한 분만이 그것들을 몰아낼 수 있는지를 우리는 제대로 알지 못하고 있었다.

우리는 어떻게 옛 자아의 자리를 완전히 대체하는, 오직 새롭고 신성한 본성만이 우리를 진정으로 겸손하게 만들 수 있는지를 제대로 이해하지 못했다. 우리는 절대적이고 중단 없고 보편적인 겸손이 야말로 사람들을 대하는 방식일 뿐만 아니라 하나님을 향한 온갖 기도와 모든 접근 방식의 근원적인 처방이어야 한다는 사실을 제대로 몰랐다. 그리고 마음속에 전반적으로 두루 퍼져 있는 겸손과 낮아짐 없이 하나님을 믿는다거나, 하나님께로 가까이 나아간다거나, 하나님의 사랑 안에 머문다는 것은 눈을 뜨지 않고 보거나 숨을 쉬지 않고 살아가려고 시도하는 것이나 마찬가지임을 제대로 몰랐다.

우리는 하나님의 축복과 부요함을 소유하려고 몸부림치면서도 교만 속에 옛 자아가 그대로 자리 잡고 있도록 가만히 내버려 둔 채로 믿기 위해 너무나 많은 수고를 아끼지 않는 실수를 계속 저질러 오고 있다. 그런 상태에서 우리가 쉽게 믿을 수 없었던 것도 전혀 이상한 일이 아니다. 그러나 이제 우리의 행로를 한번 바꿔보자. 다른 무엇보다 먼저 하나님의 강한 손길 아래서 겸손히 우리 자신을 낮추도록 시도해보자. 그러면 하나님이 우리를 높여주실 것이다.

예수님이 겸허히 자기 자신을 낮추셨던 십자가, 죽음, 무덤은 하나님의 영광에 이르는 그분의 지름길이었다. 그리고 이 지름길은 바로 우리의 것이기도 하다. 우리의 유일한 소망과 열정적인 기도를 예수님과 함께, 예수님과 더불어 자신을 겸손히 낮추는 데 초점을 맞춰보자. 하나님과 사람들 앞에서 겸허히 우리를 낮추는 것이라면 무엇이든지 기쁜 마음으로 받아들이자. 이것만이 하나님의 영광에 이르는 유일한 지름길이다.

아마도 당신은 여기서 한 가지 질문을 하고 싶을지도 모르겠다. 나는 지금까지 복된 경험을 쌓으면서, 다른 사람들에게 축복을 가져오는 수단이 되고 있으면서 아직도 겸손이 부족한 몇몇 사람들에 관해 언급하였다. 비록 그 사람들이 여전히 다른 사람들에게서 비롯되는 영광을 너무나 많이 추구하고 있다는 사실이 아주 명백해 보일지라도 당신은 이 사람들이 스스로 진실되고, 심지어 강력한 믿음을 증명해 보이는지 그렇지 않은지의 여부에 의문을 제기할 수 있다.

거기에는 몇 가지 대답이 있을 수 있다. 그러나 현재 상황에서 우리가 내놓을 수 있는 가장 중요한 대답은 이것이다. 곧 그 사람들에게는 사실상 어떤 믿음의 척도가 있는데 거기에 비례하여 그 사람들에게 부여된 특별한 은사는 다른 사람에게 축복을 가져다준다는 사실이다. 그러나 바로 그와 같은 축복을 전달하는 과정에서 그 사람들이 믿음으로 감당하는 사역은 겸손의 부족으로 말미암아 궁극적으로 방해를 받게 되고, 그리하여 이 축복은 흔히 피상적이거나 덧없는 것이 되고 만다는 것이다. 왜냐하면 그 사람들은 하나님이 전부가 되도록 길을 열어드리기 위해 자기 자신이 아무것도 아닌 존재가 되지 않기 때문이다.

분명히 더 깊은 겸손은 더 깊고 충만한 축복을 가져올 것이다. 능력의 영으로서 그 사람들 안에서 역사하실 뿐만 아니라 그분의 은혜로운 충만하심으로, 특히 겸손의 충만하심으로 그 사람들 안에 내주하시는 성령은 그 사람들을 통해 이러한 회심자들에게 능력 있는 삶과 거룩함과 확고함을 전달함으로써 그분 자신을 드러내 보여주실 것이다.

"너희가 서로 영광을 취하고 유일하신 하나님께로부터 오는 영광은 구하지 아니하니 어찌 나를 믿을 수 있느냐"(요 5:44).

형제자매들이여, 사람들로부터 영광을 얻으려는 소망과 관련하여 아무것도 당신을 치유할 수 없다. 그와 같은 영광을 받지 못했을 때 찾아오는 예민함, 고통, 분노에 대해 다른 어떤 것도 당신을 치유할 수 없다. 그러나 당신 자신을 오직 하나님에게서 오는 영광만을 추구하는 삶에 내드림으로써 치유할 수 있다.

그러므로 영광의 하나님이 허락하시는 영광이 당신의 모든 것이 되게 하라. 그러면 당신은 사람들과 자아에게 구하는 영광으로부터 자유로워질 것이고 자신이 아무것도 아닌 존재가 되더라도 만족하고 기뻐할 수 있을 것이다. 이처럼 아무것도 아닌 존재가 됨으로써 당신은 하나님께 영광을 돌리면서 견고한 믿음으로 성장하게 될 것이다. 하나님 앞에서 더욱 깊숙이 자신을 낮출수록 하나님은 당신이 믿음으로 품은 모든 소망을 성취하시기 위해 더욱 가까이 다가오실 것이다.

사람의 모양으로 나타나사 자기를 낮추시고 죽기까지 복종하셨으니
곧 십자가에 죽으심이라. 빌립보서 2:8.

겸손은 죽음으로 나아가는 길이다. 왜냐하면 겸손은 죽음을 통해 가장 높은 차원의 완전한 증거를 제시하기 때문이다. 겸손의 꽃을 활짝 피우는 것이다. 그러니까 자아에 대한 죽음은 겸손의 완전한 열매이다. 예수님은 죽기까지 겸손히 자신을 낮추셨으며 우리 역시 틀림없이 걸어가야 할 길을 활짝 열어젖히셨다. 온 힘을 다해 하나님께 순복한다는 것을 증명하거나 하나님의 영광을 위해 우리의 인간적인 본성을 포기하고 떨쳐 일어나기 위한 다른 방법이 예수님에게조차도 전혀 없었던 것처럼 우리도 오직 죽음을 통해 그렇게 할

수밖에 없다.

겸손은 우리를 자아의 죽음으로 인도해야 한다. 그래야 우리 역시 어떻게 우리가 죽기까지 자기 자신을 포기했으며 하나님께 모든 것을 전적으로 내드렸는지를 증명하게 된다. 오직 그렇게 할 때만이 우리가 타락한 본성으로부터 자유로워질 수 있다. 오직 그렇게 할 때만이 하나님 안에서 생명으로 인도하는 길을 발견하게 된다. 장성한 분량의 새로운 본성으로 태어난 겸손이야말로 우리의 호흡이자 우리의 기쁨인 경지에 이르게 한다.

우리는 예수님이 부활의 삶에 관해 이야기하실 때 제자들에게 하셨던 일을 지금까지 설명해왔다. 바로 그때 성령의 강림을 통해 영화롭게 되셔서 보좌에 앉으신 예수님은 실제로 하늘로부터 내려와 제자들 안에 내주하게 되셨다. 예수님은 죽음을 통해 이 모든 것을 할 수 있는 권세를 얻으셨다. 그 가장 깊숙이 자리 잡은 본성을 통해 예수님이 나누어주신 생명은 죽음으로부터 완전히 벗어난 생명이었으며 죽음을 통해 승리를 거둔 생명이었다.

제자들 안에 내주하기 위해 찾아오신 예수님은 죽으셨으나 이제는 영원히 살아계신 바로 자신이었다. 그분의 생명, 그분의 인격, 그분의 존재에는 죽음의 흔적이 고스란히 간직되어 있으며 죽음으로부터 완전히 벗어나 탄생한 생명의 흔적이 포함되어 있다. 그분의 제자들 안에 있는 바로 그 생명에도 언제나 죽음의 흔적이 고스란히 간직되어 있다. 그분의 생명에 고스란히 간직된 죽음의 흔적이 우리에게 알려질 수 있는 것은 오직 죽으신 예수님, 그분이 보내신 성령께서 우리 영혼에 내주하셔서 역사하실 경우뿐이다.

예수 그리스도의 죽음에 대한 가장 중대한 흔적, 곧 예수님의 참된 추종자들에게서 나타나는 죽음의 흔적 가운데 가장 크고 우선적인 흔적은 바로 겸손이다. 여기에는 다음과 같은 두 가지 이유가 있다. 그 하나는 오직 겸손만이 완전한 죽음으로 인도한다는 것이다. 그리고 다른 하나는 오직 죽음만이 겸손을 완전하게 만든다는 사실이다. 겸손과 죽음은 그 본질상 하나이다. 겸손은 꽃봉오리다. 그리고 죽음을 통해 그 열매가 완전하게 무르익게 된다.

겸손은 완전한 죽음으로 인도한다. 겸손은 자아를 포기하는 것을 의미하며 하나님 앞에서 완전히 아무것도 아닌 존재의 자리로 나아가는 것을 의미한다. 예수님은 겸손히 자기 자신을 낮추셨으며 죽기까지 순종하셨다. 예수님은 죽음을 통해 하나님의 뜻에 자신의 의지를 포기하는 완벽한 증거를 보여주셨다. 예수님은 죽음을 통해 그 잔을 마시고 싶지 않다는 자연적인 본성의 거리낌마저도 완전히 포기하셨다. 예수님은 우리의 인간적인 본성과 연합을 이루고 있었던 삶을 포기하셨다. 예수님은 자아에 대해 죽으셨으며 자신을 시험에 빠지게 만들었던 죄에 대해 죽으셨다.

그렇게 함으로써 인간으로서 예수님은 하나님의 완전한 생명으로 들어가셨다. 만약 하나님의 뜻을 행하기 위해 고난받는 종 이외에는 아무것도 아닌 존재로서 자신을 받아들이는 그분의 한없는 겸손이 없었더라면 그분은 절대 죽지 않으셨을 것이다.

이것은 너무나 자주 던지는 질문이기는 하지만 그 의미에 대해서는 거의 명확하게 이해되지 않고 있는 질문에 대한 해답을 우리에게 명확히 제시해준다. "과연 어떻게 내가 자아를 죽일 수 있을까?" 자아에 대한 죽음은 우리의 일이 아니라 하나님의 일이다. 우리는 예수님 안에서 비로소 죄에 대해 죽는다. 죽음과 부활의 과정을 거쳤던 바로 그 생명이 지금 우리 안에 있다. 그리하여 우리는 사실상 죄에 대해 죽었다는 사실을 확신할 수 있게 된다. 그러나 우리의 성품과 행동에서 이와 같은 죽음의 권세가 충만하게 나타나는 것은 성령이 예수님의 죽음에 따른 권능을 나누어주시는 정도에 따라 달라진다.

그런데 바로 여기가 가르침이 필요한 부분이다. 만약 우리가 그분의 죽음을 통해 예수님과 함께 완전한 교제 안으로 들어가 자아로부터 완전히 구원받았다는 사실을 알게 된다면 우리는 겸손히 자신을 낮추어야 한다. 이것이 바로 우리의 유일한 의무이다. 우리는 전적으로 무기력한 모습으로 자신을 하나님 앞에 내놓아야 한다. 자기를 죽이거나 살리는 일에 자신이 너무나 무기력하다는 사실에 대해 온 마음으로 동의해야 한다. 하나님을 향해 온유하고 인내하며 신뢰하는 순복을 통해 자신이 아무것도 아닌 존재라는 사실에 깊이 잠겨야 한다.

우리는 모든 굴욕을 순순히 받아들여야 한다. 우리를 시험하거나 괴롭히는 다른 사람들에 대해 우리를 겸손하게 만들기 위한 은혜의 수단으로 여겨야 한다. 다른 사람들 앞에서 겸허히 자신을 낮추는 모든 기회를 적극적으로 활용하여 하나님 앞에서 자신을 낮출 수 있도록 도와주는 협력의 기회로 삼아야 한다. 하나님은 그렇게 우리 자신을 겸손히 낮추는 모습을 보시면서 우리가 온 마음을 다해 겸손을 바라고 있다는 증거로서, 겸손을 위한 최고의 기도로서, 그분의 강력하고도 은혜로운 일 하심을 위한 준비로서 그 모습을 받아들이실 것이다.

바로 그때 하나님은 성령의 강력한 감화를 통해 예수님을 우리 안에 충만히 계시하심으로써 그분이 종의 형상으로 우리 안에 진정으로 자리 잡게 하신다. 그러면서 동시에 우리의 마음속에 내주하게 하신다. 완전한 죽음, 곧 우리가 예수 그리스도 안에서 죽었다는 철저하고도 완전한 체험으로 인도하는 것은 바로 겸손의 길이다.

그러므로 다음과 같은 원리가 적용된다. "오직 이와 같은 죽음이야말로 완전한 겸손으로 인도한다." 어쩔 수 없이 겸손해지기는 하지만 지나치게 겸손해지는 것을 두려워하는 너무나 많은 사람이 흔히 저지르는 실수에 주의를 기울여보라. 그 사람들은 참된 겸손이 무엇인지, 그리고 무엇을 해야 하는지를 너무나 많은 자격과 제한, 너무나 많은 추론과 질문을 던진다. 그 사람들은 결코 자기 자신조차도 거기에 아무런 스스럼없이 따르지 못한다. 이것을 조심하기를 바란다.

죽기까지 겸허히 자신을 낮추기를 바란다. 겸손이 완전해지는 것은 바로 자아의 죽음을 통해서다. 더 많은 은혜에 대한 모든 실질적인 체험의 근저에는, 모든 성별 과정에서 참된 진보가 일어나는 근저에는, 예수님의 형상을 따라 점차 일어나는 모든 실제적인 변화의 근저에는 우리의 기질과 습관을 통해 하나님과 사람들에게 분명히 증명할 수 있는 자아에 대한 죽음이 자리 잡고 있어야 한다.

슬프게도, 심지어 아무리 부드러운 사랑이라 하더라도, 자아에 대한 사랑이 남아 있는지를 알아챌 수밖에 없을지라도 죽음과 생명, 그리고 성령과 동행하는 삶에 관해 이야기하는 것이 얼마든지 가능하다. 자아에 대한 죽음은 스스로 아무런 명예도 취하지 않는 겸손보다 더 확실한 죽음의 흔적을 가질 수는 없다. 그 겸손이란 바로 자신을 비우는 것이며 종의 모습을 취하는 것이다.

멸시당하고 거절당한 예수님과 함께 교제를 나누는 것에 대해, 그분의 십자가를 지는 것에 대해 훨씬 더 많이 정직하게 이야기를 나누는 것이 겉으로는 얼마든지 가능하다. 하지만 거기에서는 하나님의 어린 양이 보여주시는 온유하고 겸허한, 친절하고 부드러운 겸손이 거의 나타나지 않을 수도 있다. 그와 같은 겸손이 거의 추구되지 않을 수도 있다.

하나님의 어린 양이란 두 가지, 곧 온유함과 죽음을 의미한다. 그러므로 우리는 두 가지 모습을 모두 소유한 분으로서 하나님의 어린 양을 받아들이도록 노력해야 한다. 하나님의 어린 양 안에서는 그 두 가지가 분리될 수 없다. 그 두 가지 모습은 우리 안에도 그대로 자리 잡고 있어야 한다.

만약 우리가 직접 그 일을 감당해야 했다면 그것이 얼마나 가망 없는 일이었을까! 자연은 결코 자연을 이길 수 없다. 심지어 은혜의 도움이 있어도 그렇다. 자아는 결코 자아를 쫓아낼 수 없다. 심지어 중생한 사람 안에서도 마찬가지다. 하나님을 찬양하라. 그 일은 이미 모두 마무리되었으며 영원히 완성되었다. 예수님이 단번에 영원히 죽으신 것은 자아에 대한 우리의 죽음이다. 그리고 예수님의 승천, 곧 가장 높은 곳에 있는 지성소로 단번에 영원히 들어가신 예수님의 승천은 우리에게 권능을 전해주시는 성령을 허락하셔서 죽음을 이기는 생명의 권세를 우리 것으로 만들어주시기 위함이었다.

겸손을 추구하고 훈련하면서 그 영혼이 예수님의 발자취를 따라갈 때 더 나은 무엇인가가 필요하다는 영혼의 각성이 일어난다. 이때 영혼의 소망과 열망이 재촉되고 영혼의 믿음이 강화되므로 그 영혼은 예수님이 보내신 성령의 참된 충만하심을 찾아 구하고 받아들이는 법을 배우게 된다. 성령이야말로 자아와 죄에 대한 예수님의 죽음을 충만한 권능 가운데 날마다 유지할 수 있게 하시며 겸손이 우리의 삶 가운데 두루 퍼져 있는 정신으로 자리 잡을 수 있게 하신다.

"무릇 그리스도 예수와 합하여 세례를 받은 우리는 그의 죽으심과 합하여 세례를 받은 줄을 알지 못하느냐. …이와 같이 너희도 너희 자신을 죄에 대하여는 죽은 자요. 그리스도 예수 안에서 하나님께 대하여는 살아 있는 자로 여길지어다. …오직 너희 자신을 죽은 자 가운데서 다시 살아난 자같이 하나님께 드리며 너희 지체를 의의 무기로 하나님께 드리라"(롬 6:3,11,13).

그리스도인의 전반적인 자의식은 예수님의 죽음을 통해 고무된 정신으로 말미암아 그 안에 고스란히 스며들고 특징지어지는 것이다. 그리스도인은 항상 자신을 예수님 안에서 죽은 사람으로, 예수님 안에서 죽음으로부터 살아난 사람으로 하나님께 내드리면서 자기 육체에 주 예수님의 죽음을 간직하고 있어야 한다. 그리스도인의 삶은 항상 이중적인 흔적을 간직하고 있다. 곧 예수님의 무덤 속 깊은 곳, 즉 죄와 자아에 대한 죽음으로 말미암아 찾아들어 온 참된 겸손이 자리 잡은 뿌리와 예수님이 계시는 하늘에까지 부활의 능력으로 말미암아 들려 올라간 그 머리가 자리 잡고 있다.

믿는 자들이여, 예수 그리스도의 죽음과 생명을 당신의 것이라고 주장하라. 예수님의 무덤으로 들어가 자아 자체와 자아의 활동에서 벗어난 안식, 곧 하나님의 안식 가운데로 나아가라. 하나님 아버지의 손에 그분의 영을 완전히 내드린 예수님과 함께 겸손히 당신 자신을 낮추고 날마다 어찌할 수 없을 정도로 완전히 하나님을 의지하는 곳으로 내려가라. 하나님이 당신을 높이 들어 올려 칭송하실 것이다.

매일 아침 예수님의 무덤으로 깊이깊이 내려가 아무것도 아닌

곳으로 내려가라. 그러면 날마다 예수님의 생명이 당신 안에 분명히 드러날 것이다. 사랑스러운, 평온한, 행복한 겸손이 사실상 지금까지 당신 자신의 생득권을 주장해온 흔적, 곧 예수님의 죽으심으로 받는 세례가 될 수 있도록 하라.

> "그가 거룩하게 된 자들을 한 번의 제사로 영원히 온전하게 하셨느니라"(히 10:14).

자신의 굴욕으로 들어가는 영혼은 자아를 죽은 것으로 바라보며 그렇게 여길 줄 아는 능력을 자신 안에서 찾을 것이다. 그리고 자신을 알고 받아들인 사람으로 모든 겸손함과 온유함을 가지고 동행하면서 사랑 가운데 서로를 용납하기 위해 자아를 죽일 것이다. 죽음으로써 나타나는 생명은 예수님과 마찬가지로 온유함과 겸손함 가운데 드러난다.

나에게 이르시기를 내 은혜가 네게 족하도다. 이는 내 능력이 약한 데서 온전하여짐이라 하신지라. 그러므로 도리어 크게 기뻐함으로 나의 여러 약한 것들에 대하여 자랑하리니 이는 그리스도의 능력이 내게 머물게 하려 함이라. 그러므로 내가 그리스도를 위하여 약한 것들과 능욕과 궁핍과 박해와 곤고를 기뻐하노니 이는 내가 약한 그 때에 강함이라. 고린도후서 12:9-10.

사도 바울이 여러 가지 대단한 계시를 받았다는 이유로 자기 자신을 높이지 않도록 육체의 가시가 몸 안에 있어 계속해서 바울을 겸손하게 만들었다. 바울의 우선적인 소망은 그 가시를 제거하는 것이었으며 그 가시를 떠나가게 해달라고 세 번씩이나 하나님께 간청하였다. 이에 대한 응답은 그 시험이 축복이라는 깨달음으로 찾아왔다. 그 가시로 말미암은 연약함과 굴욕을 통해 주님의 은혜와 능력이 훨씬 더 명확하게 드러날 수 있었다.

사도 바울은 그 시험과 관련해서 즉각 새로운 단계로 들어가게 되었다. 바울은 단순히 그 가시를 참고 견디는 대신에 오히려 기쁜 마음으로 그 가시 안에서 영광을 돌리게 되었다. 단순히 거기에서 벗어나기를 간구하는 대신에 그 가시로 말미암아 기쁨을 누리게 되었다. 바울은 굴욕의 자리야말로 축복의 자리, 능력의 자리, 기쁨의 자리임을 배우게 되었다.

모든 그리스도인은 겸손을 추구하는 과정에서 대부분 이런 두 가지 단계를 통과한다. 처음에 그 사람은 겸손히 자신을 낮추는 모든 것을 두려워하며 거기에서 도망치면서 오직 벗어나기만을 추구한다. 지금까지 어떤 희생을 치르고서라도 겸손을 추구하는 법을 배우지 못했다. 그런데도 일단 겸손해지라는 명령을 받아들였으며 거기에 순종하려고 애쓴다. 비록 얼마나 철저하게 실패하는가를 발견할 뿐이라 하더라도 말이다.

그 사람은 시시때때로 매우 간절하게 겸손을 위해 기도하지만 자신의 내밀한 마음속에서 구체적인 말로 구하는 것이 아니다. 설령 마음의 소원으로 구하는 것이라고 하더라도 겸허히 자신을 낮추게 되는 모든 것에서 벗어나게 해달라고 더 많이 기도하게 된다. 그 사람은 아직 하나님의 어린 양에게서 나타나는 아름다운 모습만큼, 천국의 기쁨만큼 사랑 가운데 겸손을 보이지는 않기 때문에 그 겸손을 얻기 위해 모든 것을 내려놓지 않을 것이다.

겸손을 추구하는 과정에서, 겸손을 위해 기도하는 과정에서 여전히 어느 정도의 부담감과 속박을 느낄 수 있으며, 겸손히 자신을 낮추는 것이 아직도 본질에서 겸손한 삶과 본성의 자발적인 표현으로 제대로 자리 잡지는 못했다. 그것이 아직 그 사람의 기쁨과 유일한 즐거움으로 자리 잡지는 못했다. 그래서 그 사람은 이렇게밖에 말할 수 없다. "더욱더 기쁜 마음으로 약점을 자랑하면서 나를 겸손하게 만드는 것이라면 무엇이든지 즐거움으로 삼겠습니다."

그러나 우리가 과연 완전한 겸손의 단계에 도달할 수 있다고 소망해도 좋을까? 그렇다면 무엇이 우리를 거기로 인도할 것인가? 바울을 그리로 데려간 것은 예수 그리스도에 관한 새로운 계시였다. 오직 하나님의 임재만이 자아를 드러내고 내쫓을 수 있다. 예수님의 임재로 말미암아 그의 안에서 무엇인가를 추구하는 모든 욕망을 떨쳐버리도록 한 것은 바울에게 깊은 진리를 바라볼 수 있는 더욱 명확한 통찰을 허락하는 것이었다.

그러면 이와 같은 통찰은 예수님의 더욱 충만한 현현을 위해 우리를 준비시키는 온갖 굴욕 가운데서도 우리를 기뻐하게 만들 것이다. 우리의 굴욕은 예수님의 임재와 능력을 경험하는 곳으로 우리를 인도하여 우리를 위한 더욱 높은 차원의 축복으로써 겸손을 선택하게 한다. 그러므로 우리는 바울의 이야기가 우리에게 가르쳐주는 여러 가지 교훈을 배우도록 노력해야 한다.

아직 완전한 겸손에 관한 교훈을 충분히 배우지 못해 기쁜 마음으로 연약함을 자랑하지 못하지만 나름대로 성숙한 성도들, 뛰어난 선생들, 천상의 경험을 소유한 사람들이 우리 주변에 있을 수 있다. 우리는 사도 바울을 통해 이런 모습을 살펴보게 된다.

바울에게는 자신을 높일 위험성이 매우 가까이 다가오고 있었다. 바울은 아직 자기 자신을 아무것도 아닌 존재로 여긴다는 것이 무엇을 의미하는지 완전히 깨닫지 못하고 있었다. 오직 예수님만이 자신 안에 살아계실 수 있도록 죽는다는 것, 겸손하게 자신을 낮추는 온갖 모습들 가운데서 오히려 즐거워하는 것이 무슨 의미인지 제대로 몰랐다. 그런데 이것이야말로 바울이 배워야 할 최고의 교훈인 것으로 드러났다. 곧 하나님이 전부가 될 수 있도록 오히려 자신의 연약함을 자랑하는 그와 같은 자기 비움을 통해 주님께 완전히 일치하는 데로 나아가는 것 말이다.

한 성도가 배워야만 하는 최고의 교훈은 바로 겸손이다. 거룩함으로 나아가기를 추구하는 모든 그리스도인은 이것을 충분히 기억해야 한다. 그 사람에게는 열정적인 성별, 뜨거운 열정, 천상의 경험이 있을 수도 있지만 만약 그것이 주님의 아주 특별한 다루심으로 보호되지 않는다면 아직도 여전히 그 모든 것으로 말미암은 무의식적인 자기 찬양이 얼마든지 있을 수 있다.

그러므로 다음과 같은 교훈을 배우자. 곧 가장 높은 차원의 거룩함은 바로 가장 깊은 차원의 겸손이다. 그것은 저절로 찾아오는 것이 아니라 우리의 신실하신 하나님과 그분의 신실한 종의 편에서 특별한 만지심이 있어야 하는 문제라는 점을 기억하자.

우리의 인생을 이와 같은 경험의 빛으로 바라보자. 그리고 바울이 그랬던 것처럼 우리가 기쁜 마음으로 약점을 자랑하는지, 손해를 당하거나 궁핍한 상황에서나 곤란을 당할 때도 즐거워하는지 스스로 살펴보자. 그렇다. 우리가 책망을 정당한 것이나, 아니면 부당한 것으로 여기는 법을 배웠는지 자신에게 물어보자. 친구나 원수로부터 받는 비난을 정당하게 여기거나 아니면 부당하게 여기는 법을 배웠는지 자신에게 물어보자. 다른 사람들이 우리에게 끼치는 손해나 곤란한 일, 또는 어려움을 정당하게 여기거나 부당하게 여기는 법을 배웠는지 자신에게 차분히 물어보자.

위에 열거한 모든 것을 통해 어떻게 예수님이 우리의 모든 것이 되시는지, 어떻게 우리의 즐거움이나 자랑거리는 아무것도 아닌지, 그리고 어떻게 우리가 정말로 굴욕을 즐겁게 받아들이는지 증명하는 기회로 삼자. 실제로 자아로부터 너무나 자유롭게 된 나머지 예수님이 전부라고 생각하는 우리에 대해 다른 사람들이 이러쿵저러쿵하는 말이나 행동을 무엇이든지 모두 잊어버리고 그대로 감수하는 것은 더욱 커다란 축복이자 더 깊은 천국의 행복이다.

사도 바울을 책임지셨던 분이 우리 역시 책임지신다는 사실을 신뢰하자. 심지어 바울이 천국에서 들었던 이루 다 형언할 수 없는 것들보다 더 귀중한 것, 곧 연약함과 낮아짐에 대해 자랑하는 법을 배우기 위해서는 특별한 훈련과 더불어 특별한 가르침이 필요했다. 우리에게도 그것이 필요하다. 바울을 돌보셨던 바로 그분이 우리도 돌보실 것이다. 예수님이 바울을 가르치셨던 바로 그 학교는 또한 우리의 학교이기도 하다.

예수님은 우리가 자기 자신을 찬양하지 않도록 질투심 많은 사랑의 돌보심을 통해 우리를 돌보고 계신다. 우리가 그렇게 자신을 높이고 있을 때 그분은 우리에게서 악한 것을 발견해서 그에게서 벗어나도록 도와주려고 애쓰신다. 시험과 연약함과 곤란한 상황에서 그분은 우리를 낮은 곳으로 인도하기 위해 애쓰신다. 우리를 낮은 곳으로 인도하여 겸손을 유지하게 하는 것을 즐거워하는 태도와 관련하여 우리가 그분의 은혜야말로 전부임을 배울 때까지 말이다.

그분의 능력은 우리의 연약함 가운데서 온전해지며, 우리의 공허함을 채우고 만족시키는 그분의 임재는 절대 실패하지 않는 겸손의 비밀로 자리 잡게 된다. 하나님이 우리 가운데, 우리를 통해 행하시는 일을 충분히 목격하면서 바울이 그랬던 것처럼 우리도 항상 이렇게 말할 수 있다.

"내가 어리석은 자가 되었으나 너희가 억지로 시킨 것이니 나는 너희에게 칭찬을 받아야 마땅하도다. 내가 아무것도 아니나 지극히 크다는 사도들보다 조금도 부족하지 아니하니라"(고후 12:11).

사도 바울의 굴욕은 그 자신을 참된 겸손으로 이끌었으며 겸손하게 자신을 낮추는 모든 것을 지극히 기뻐하고 자랑하며 즐거워하게 되었다.

"그러므로 도리어 크게 기뻐함으로 나의 여러 약한 것들에 대하여 자랑하리니 이는 그리스도의 능력이 내게 머물게 하려 함이라. 그러므로 내가 그리스도를 위하여 약한 것들과 능욕과 궁핍과 박해와 곤고를 기뻐하노니 이는 내가 약한 그때에 강함이라"(고후 12:9-10).

겸손한 사람은 기쁨에 머무는 비결을 배웠다. 그 사람이 자신을 더욱 연약하다고 느낄수록 예수님의 능력과 임재가 더욱 많이 그 사람의 몫이 된다. 그 사람이 "나는 아무 보잘것없는 사람"이라고 말할 때 "내 은혜가 네게 족하도다. 이는 내 능력이 약한 데서 온전하여짐이라"(고후 12:9)는 주님의 말씀은 언제나 더 깊은 기쁨을 가져오게 된다.

나는 다음과 같은 두 가지 교훈에서 다시 한번 모든 것을 주워 모아야 할 것 같다.

첫째, 교만의 위험은 우리가 생각하는 것보다 훨씬 더 크고 가까이에 있다. 그리고 이것은 특히 우리가 최고의 경험을 누리고 있을 때 더욱 그렇다. 자기 입술에 매달려 감탄사를 연발하는 회중에게 영적인 진리를 선포하는 설교자, 천상의 삶에 관한 각종 비밀을 상세히 설명하면서 거룩한 강단 위에 선 재능을 타고난 강사, 축복된 체험에 관한 간증을 쏟아내는 그리스도인, 승리를 거둔 가운데 기뻐하는 군중들에게 축복을 전하면서 계속 전진하는 복음 전도자 등 이들 중에서 누구도 이와 같은 경험에 숨겨진 무의식적인 위험을 잘 알지 못한다.

사도 바울도 그것을 깨닫지 못한 채 위험에 처해 있기도 하였다. 예수님이 바울에게 취하셨던 조치는 바로 우리의 훈계를 위해서라고 기록되어 있다. 곧 우리가 자신의 위험을 알아차려서 우리 자신의 유일한 안전을 깨달을 수 있도록 하기 위함이라는 것이다. 만약 거룩하다고 고백하는 어떤 선생이나 교수에 대해서 그 사람은 자아로 충만하다거나, 그 사람은 자기가 설교한 대로 실행하지 않는다거나, 또는 그 사람의 축복은 자신을 더욱 겸손하거나 온유하게 만들지 못해 왔다는 말을 계속한다면 이제 더는 그렇게 말하지 말라. 우리가 전적으로 신뢰하는 예수님만이 우리를 겸손하게 만들 수 있기 때문이다.

둘째, 겸손의 은혜 역시 우리가 생각하는 것보다 훨씬 더 크고 가까이에 있다. 예수님의 겸손은 우리의 구원이다. 그러므로 예수님 자신이 바로 우리의 겸손이다. 우리의 겸손은 그분의 돌보심과 사역이다. 그분의 은혜가 우리에게 족하며, 또한 교만의 시험에 대처하기에도 충분하다. 그분의 능력은 우리의 연약함 가운데서 온전해질 것이다. 우리는 연약해지고 낮아지고 자신을 아무것도 아닌 존재로 여겨야 한다. 겸손이 우리에게 기쁨과 즐거움이 되도록 해야 한다. 기쁜 마음으로 연약함을 자랑하며 즐거움으로 삼아야 한다. 우리를 겸손하게 만들고 계속해서 우리를 낮추는 모든 것을 기쁜 마음으로 자랑하며 즐거움으로 삼아야 한다. 그럴 때 예수님의 능력이 우리를 붙잡아주실 것이다.

예수님이 겸손히 자신을 낮추셨으므로 하나님이 그분을 높여주셨다. 예수님이 우리를 낮추실 것이며 계속해서 우리를 겸손하게 하실 것이다. 그러므로 온 마음을 다해 거기에 동의하자. 신뢰하는 마음과 기쁜 마음으로 우리를 겸손하게 하는 모든 것을 그대로 받아들이자. 예수님의 능력이 우리를 붙잡아주실 것이다. 우리는 가장 깊은 차원의 겸손이 가장 진정한 행복의 비결이자 아무도 무너뜨릴 수 없는 기쁨의 비결임을 발견하게 될 것이다.

무릇 자기를 높이는 자는 낮아지고 자기를 낮추는 자는 높아지리라.
누가복음 14:11.
그러므로 하나님의 능하신 손 아래에서 겸손하라. 때가 되면 너희를
높이시리라. 베드로전서 5:6.

얼마 전, 나는 이런 질문을 받았다. "어떻게 당신은 이와 같은 교
만을 정복하고 있는지요?" 그 대답은 간단했다. 두 가지가 필요하
다. 먼저 하나님이 당신의 일이라고 말씀하시는 것을 행하라. 곧 겸
손히 당신 자신을 낮추라. 그런 다음에는 하나님이 그분의 일이라고
말씀하시는 것을 행하시도록 그분을 신뢰하라. 그러면 곧 그분이 당
신을 높이실 것이다.

그 명령은 명쾌하다. 겸손히 당신 자신을 낮추라. 이것은 당신의 본성인 교만을 정복하고 내쫓는 것이, 당신 안에서 거룩하신 예수님의 낮아지심을 이루어가는 것이 당신의 일이라는 의미가 아니다. 이것은 하나님의 일이다. 그러니까 그와 같은 높이심의 본질은 하나님의 일이다. 그로부터 하나님은 당신을 사랑하는 아들 예수님과 진정으로 닮은 형상으로 높이 들어 올리실 것이다.

그 명령이 의미하는 바는 바로 이것이다. 곧 하나님과 사람 앞에서 겸손히 자신을 낮추기 위한 모든 기회를 적극적으로 활용하라는 것이다. 당신 안에서 이미 일하고 있는 은혜에 대한 믿음과 임박한 승리를 위해 더 많은 은혜를 주실 것이라는 확신, 그리고 그럴 때마다 양심이 우리 마음의 교만과 그로 말미암은 역사에 비추는 빛에 이르기까지 이 모든 것에도 불구하고 실패와 넘어짐을 경험할 수 있다는 것이다.

하지만 우리는 겸손히 자신을 낮추라는 절대 변하지 않는 명령 아래 끈기 있게 서 있어야 한다. 그리고 하나님이 안팎으로부터, 친구나 적으로부터, 자연이나 은혜 속에서 겸손의 필요성을 상기시키고 겸손에 관해 우리를 도와주시기 위해 허락하신 모든 것을 감사함으로 받아들여야 한다. 겸손은 사실상 모성적인 미덕이자 하나님 앞에서 우리의 가장 우선적인 임무이다. 그렇기에 우리는 겸손을 영혼의 유일한 영속적인 안전장치라고 이해하면서 모든 축복의 근원으로서 겸손을 우리의 마음속에 단단히 붙잡아두어야 한다.

누구든지 자기를 낮추면 높아질 것이라는 약속은 신성하고도 확실하다. 우리는 하나님이 요구하시는 한 가지 일, 곧 우리 자신을 겸손히 낮추라는 일을 행하고 있는지 살펴보아야 한다. 하나님은 자신이 약속하신 한 가지 일을 행하고 있는지 늘 스스로 살피실 것이다. 하나님은 더 많은 은혜를 베풀어주실 것이며 정한 때가 이르면 우리를 높이실 것이다.

하나님이 인간을 다루시는 모든 과정은 두 단계로 특징지어진다. 먼저 준비 기간이 있다. 이때에는 명령과 약속이 노력과 무기력, 실패와 부분적인 성공을 겪으면서 뒤섞이게 되고, 이것들이 각성시키는 더 나은 것에 대한 거룩한 기대감과 뒤섞이면서 사람들이 더 높은 단계로 나아가도록 훈련하고 단련하게 된다. 그런 다음에야 비로소 성취의 시기가 찾아온다. 이때에는 믿음이 약속을 기업으로 물려주게 되고 너무나 자주 아무런 소용없이 싸워온 것처럼 보이는 것들을 이제는 본격적으로 누리게 된다.

이와 같은 법칙은 그리스도인의 삶 가운데 모든 영역에서, 그리고 온갖 개별적인 미덕을 추구하는 과정에서 훌륭하게 자리 잡고 있는데 그것은 이 법칙이 만물의 본질에 깊이 뿌리를 내리고 있기 때문이다. 우리의 구속과 관련한 모든 일 속에서 하나님이 주도권을 잡고 계셔야만 한다. 그런 일이 일어나고 난 다음에서야 인간의 차례가 다가온다.

순종과 성취 이후의 노력을 통해 우리는 자신의 무기력함을 파악하는 법을 배워야 하고 자신에 대한 절망 가운데서 자기 자신을 죽이는 법을 배워야 한다. 그리하여 하나님으로부터 그와 같은 목적, 곧 아무것도 모르는 상태에서 처음부터 받아들였던 것을 완성하는 단계를 자발적으로 받아들이기에 적합해지게 된다. 그러니까 태초부터 계셨던 하나님이, 사람에게 그분을 적절히 알게 하셨거나 그분의 목적이 무엇이었는지를 충분히 이해시키셨던 하나님이 머지않아 친히 그 목적 자체이신 분을, 만유의 주재를 갈망하고 환영하신다.

그것은 심지어 겸손을 추구하는 과정에서도 마찬가지다. 모든 그리스도인에게 겸손히 자신을 낮추라는 명령은 하나님의 보좌로부터 흘러나온다. 그 명령을 경청하고 순종하려는 진지한 시도는 두 가지 사실에 대한 고통스러운 발견과 더불어 커다란 보상을 얻게 할 것이다. 반드시 보상을 얻게 될 것이다.

그 한 가지는 아무리 깊은 교만일지라도, 다시 말해 아무리 마음 속 깊은 곳에서 자기 자신을 아무것도 아닌 존재로 여기는 것을 꺼리고, 다른 사람들에게 그렇게 여겨지는 것도 몹시 꺼린다고 하더라도 하나님께 절대적으로 순복해야 한다는 것은 누구도 전혀 알아채지 못했다는 사실이다. 또 다른 한 가지는 우리의 온갖 노력 가운데, 우리의 각종 기도 가운데 아무리 철저히 무기력함이 자리 잡고 있다 하더라도 하나님의 도우심으로 무시무시한 괴물을 파멸시켜야 한다는 사실은 누구도 전혀 알아채지 못했다는 사실이다.

이제 하나님께 소망을 두는 사람에게는 복이 있으며 그 사람 안에 있는 온갖 교만의 권세에도 하나님과 사람들 앞에서 당하는 굴욕의 행위를 인내하는 법을 배운 사람에게는 복이 있다. 우리는 인간 본성의 법칙을 알고 있다. 곧 행동은 습관을 낳고, 습관은 성향을 낳고, 성향은 의지를 형성하고, 적절히 형성된 의지는 성품으로 자리 잡게 된다.

은혜의 역사도 이와 크게 다르지 않다. 끊임없이 반복되는 행동이 습관과 성향을 낳고, 이런 과정들이 의지를 강화하는 것처럼 의지를 품게 해서 행동하도록 일하시는 하나님은 그분의 강한 능력을 비롯한 성령과 더불어 찾아오신다. 그리고 회개하는 성도가 너무나 자주 하나님 앞에서 교만한 마음을 내려놓고 자기 자신을 내던지는 모습을 보인다면 이처럼 겸손한 마음에 대한 '더 많은 은혜'를 보상으로 받게 된다. 그로 말미암아 예수님의 성령이 교만한 마음을 정복하여 새로운 본성을 가져와 성숙하게 만드시며 이제는 온유하고 겸손하게 자신을 낮추는 분께서 영원히 그 사람 안에 내주하게 되신다.

주님의 시야에서 겸손히 당신 자신을 낮추라. 그러면 주님이 당신을 높여주실 것이다. 그런데 이와 같은 높임은 무엇으로 이루어지는가? 피조물의 가장 커다란 영광은 단지 그릇이 된 채로 하나님의 영광을 받아 누리고 드러내는 것이다. 그것은 하나님이 전부가 되도록 기꺼이 자기 자신은 아무것도 아닌 존재가 됨으로써만 그렇게 될 수 있다. 물은 언제나 가장 낮은 자리로 흘러 그곳을 가득 채운다. 어떤 사람이든 하나님 앞에서 더 낮은 자세를 유지하면서 자신을 더 많이 비울수록 하나님의 영광이 훨씬 더 빨리 충만하게 흘러들어온다.

하나님이 약속하시는 높임은 그분과 동떨어진 어떤 외적인 것이 아니다. 결코 그렇게 될 수 없다. 하나님이 우리에게 제공하시는 전부는 오직 그분 자신을 더 많이 부어주시는 것이며, 그분 자신을 더욱 완전히 소유하도록 하는 것이다. 하나님의 높임은 세상의 포상이나 변덕스러운 것이 전혀 아니며 당연히 보상을 받아야 하는 그런 행위와는 아무런 필연적인 관련이 없다.

다만 그것은 겸손히 우리 자신을 낮추는 행위의 효과와 결과에 대한 본질을 말하는 것이다. 그것은 단지 이처럼 우리 안에 내재하는 거룩한 겸손, 하나님의 어린 양에 대한 그와 같은 일치, 하나님의 어린 양을 소유하는 것, 하나님의 어린 양이 보여주는 겸손 따위와 같은 선물에 지나지 않는다. 우리가 하나님의 내주하심을 충만히 받아들이기에 가장 적절해질 때 말이다.

겸손히 자신을 낮추는 사람은 높임을 받을 것이다. 이러한 말씀에 담긴 진리에 관해 예수님 자신이 증거이시다. 그러한 말씀들이 우리에게도 확실하게 성취된다는 점에 관해 예수님 자신이 보증이시다. 우리는 마땅히 짊어져야 할 그분의 멍에를 짊어지고 그분께 배워야 한다. 왜냐하면 그분은 원래부터 마음이 온유하고 겸손하신 분이기 때문이다.

예수님이 지금까지 우리에게 자신을 낮추셨던 것처럼 만약 우리가 기꺼이 그분께 우리 자신을 낮추기만 한다면 그분은 여전히 우리

각 사람에게 다시금 자신을 낮추실 것이다. 우리는 그분과 동등하지 않게 멍에를 메고 있는 자신을 발견하게 될 것이다. 우리가 그분의 낮아짐과 더욱 깊이 연대하는 곳으로 들어갈 때, 그리고 겸손히 자신을 낮추거나 다른 사람들이 겸손히 자신을 낮추는 것에 대해 적절히 마음에 품을 때 그분을 높이시는 영광의 성령이 우리 위에 머무르실 것이다.

영화롭게 되신 그리스도의 임재와 권능이 이처럼 겸손의 영을 간직한 사람들에게 임할 것이다. 하나님이 우리 안에서 그분께 합당한 자리를 다시금 차지할 수 있을 때 그분은 우리를 들어 올리실 것이다. 겸손히 당신 자신을 낮추는 데 있어서 당신의 염려를 그분의 영광으로 바꾸라. 그러면 하나님이 당신의 겸손을 완전하게 만들고 당신에게 생기를 불어넣으면서 당신의 염려를 하나님의 영광으로 바꾸실 것이다. 당신 안에 내주하시는 생명, 곧 그분의 아들이 보내신 바로 그 성령을 통해서 말이다.

두루 퍼져 있는 하나님의 생명이 당신을 소유하게 될 때 자신에 대한 아무런 생각이나 소원 없이 자신을 아무것도 아닌 존재로 여기는 것에 관해 그 무엇도 그렇게 자연스럽고 그렇게 달콤하지는 않을 것이다. 왜냐하면 모든 것은 모든 것을 충만히 채우시는 그분과 함께 채워질 것이기 때문이다. 그러므로 예수님의 능력이 내게 머무르게 하려고 나는 더욱더 기쁜 마음으로 내 약점들을 자랑할 것이다.

형제자매들이여, 과연 우리가 거룩함을 추구하는 과정에서 자신의 성별과 믿음조차 거의 쓸모가 없어지게 하는 무슨 합당한 이유라도 있단 말인가? 믿음의 이름으로 그와 같은 일이 이루어졌던 것은 바로 자아로 말미암은 능력을 통해서였다. 하나님이 우리를 부르신 것은 자아와 행복을 위해서였다. 그 영혼이 기뻐하는 것은 아무리 무의식적이었을지라도 여전히 진실한 자아와 거룩함, 그 안에서였다.

우리는 겸손, 곧 절대적이고 내재하는 예수님을 닮은 겸손과 자기 비움, 하나님과 사람을 비롯하여 우리의 전인적인 삶을 둘 다 충만하게 채우고 특징짓는 겸손과 자기 비움이야말로 우리가 추구하는 거룩한 삶의 가장 본질적인 요소임을 명확히 깨달아야 한다.

우리가 나 자신을 잃는 것은 오직 하나님을 소유함으로써 가능하다. 빛줄기 속에서 움직이는 자그마한 티끌이 밝히 드러나는 게 햇빛의 고도와 넓이와 영광 안에서 가능한 것처럼 겸손 역시 그분의 사랑이라는 햇빛 안에서 단지 티끌로서 존재하게 된다. 그리고 하나님의 임재 안에서 지극히 작은 자리를 차지하게 된다.

하나님은 얼마나 크신 존재인지!
나는 얼마나 작은 존재인지!
사랑의 거대함 속에서 나는 잃어버린 존재,
삼켜진 존재일 뿐이다!
내가 아니라 오직 하나님만이 거기에 계신다!

우리가 하나님의 임재 안에 겸손히 우리 자신을 낮추는 것, 우리 자신을 아무것도 아닌 존재로 여기는 것은 그리스도인의 삶 가운데서 지극히 큰 성취이며 가장 충만한 축복이다. 그러므로 우리는 예수님이 우리를 향해 말씀하시는 크신 목소리에 귀를 쫑긋 세워야 한다. 그리고 우리 신앙의 몫이 되게 해야 한다.

"내가 높고 거룩한 곳에 있으며 또한 통회하고 마음이 겸손한 자와 함께 있나니 이는 겸손한 자의 영을 소생시키며 통회하는 자의 마음을 소생시키려 함이라"(사 57:15).

오! 더 많이 비우는 것, 더욱 낮추는 것,
더욱 천한 존재, 더욱 주목받지 못하는 존재,
더욱 알려지지 않은 존재가 되는 것,
그리고 하나님께 더욱 거룩한 그릇이 되어
예수님으로, 오직 예수님으로만 채우게 하소서!

무릇 자기를 높이는 자는 낮아지고 자기를 낮추는

자는 높아지리라. 누가복음 14:11.

그러므로 하나님의 능하신 손 아래에서 겸손하라.

때가 되면 너희를 높이시리라. 베드로전서 5:6.

"순종이 제사보다 낫고 듣는 것이 숫양의 기름보다 나으니 이는 거역하는 것은
점치는 죄와 같고 완고한 것은 사신 우상에게 절하는 죄와 같음이라" (삼상 15:23).

Section 1.

순종, 은혜와 축복을
누리는 통로

여호와께서 번제와 다른 제사를 그의 목소리를 청종하는 것을 좋아
하심같이 좋아하시겠나이까. 순종이 제사보다 낫고 듣는 것이 숫양
의 기름보다 나으니 이는 거역하는 것은 점치는 죄와 같고 완고한
것은 사신 우상에게 절하는 죄와 같음이라. 사무엘상 15:22-23.

그리스도인의 삶에 관한 어떤 특별한 진리를 연구하면서 성경
전반에 걸쳐 나오는 특정한 단어나 그 단어의 위치나 문맥을 조심스
럽게 살펴보는 일은 항상 우리에게 커다란 도움을 준다. 그 단어가
어디에 사용되었는지, 얼마나 자주 사용되었는지, 그리고 거기에 어
떤 연관성이 있는지를 살펴본다면 우리는 그 단어가 얼마나 적절하
게 사용되었으며, 그 단어가 상대적으로 얼마나 중요한지를 이해할

수 있게 된다. 이처럼 우리가 성경에서 '순종'이라는 단어에 관해 연구하기 위해서는 먼저 순종에 관한 하나님의 생각을 발견할 수 있는 다양한 문맥의 성경 말씀을 묵상할 필요가 있다.

먼저 우리는 성경을 전체적으로 살펴보아야 한다. 태초에 낙원이나 다름없었던 에덴동산에서부터 한번 순종에 관한 이야기를 시작해보자. 그곳은 성도들이 영생을 누리면서 하나님과 더불어 영원히 머물게 될 곳으로 언급되고 있다. 창세기 2장 16절에서 우리는 다음과 같은 말씀을 만난다. "여호와 하나님이 그 사람에게 명하여 이르시되." 그리고 잠시 뒤에는 "내가 네게 먹지 말라 명한 그 나무 열매를 네가 먹었느냐"(창 3:11)는 말씀이 나온다.

자, 그렇다면 왜 이 명령에 대한 순종이 에덴동산의 유일한 미덕이며, 거기에 사람이 머물 수 있는 유일한 조건인지, 또한 창조주께서 사람에게 요구하시는 유일한 일인지를 주목하기를 바란다. 믿음이나 겸손이나 사랑 같은 것은 전혀 언급되지 않았다. 오직 순종만이 그 모든 것을 덮었다. 하나님의 명령과 권위만큼이나 숭고한 것이 바로 순종에 대한 요구이다. 그것은 인간의 운명을 결정짓는 유일한 요소이다. 이처럼 순종이야말로 인간에게 유일하게 요구되는 것이다.

그런데 아담과 하와는 선악을 알게 하는 나무의 열매를 먹음으로써 하나님께 불순종했다. 두 사람은 곧바로 선과 악 사이의 차이점을 이해하게 되었다. 두 사람은 자신들의 죄가 하나님을 노하게 했다는 사실도 알게 되었다. 그래서 에덴동산에서 숨었다. 그러나 하나님은 이미 두 사람이 자신에게 불순종했음을 알고 계셨다. 하나님은 낙원에서 벌어지는 불순종을 참으실 수가 없었다. "여호와 하나님이 에덴동산에서 그를 내보내어 그의 근원이 된 땅을 갈게 하시니라. 이같이 하나님이 그 사람을 쫓아내시고 에덴동산 동쪽에 그룹들과 두루 도는 불 칼을 두어 생명나무의 길을 지키게 하시니라"(창 3:23-24).

하나님은 믿음이나 겸손, 또는 사랑에 대해서는 직접 아무 말씀도 하지 않으셨다. 왜냐하면 순종에 이 모든 것이 포함되어 있기 때문이다. 순종에 대한 하나님의 요구는 하나님의 권위만큼이나 숭고하다. 순종은 인간의 삶에 유일한 필수적인 요소이다.

순종을 회복하라

하나님은 그분의 말씀 전체에서 순종이라는 주제를 전달하신다. 이제 성경 첫 부분에서 마지막 부분으로 관심을 돌려보자. 우리는 성경의 마지막 장에서 다음과 같은 말씀을 만난다. "자기 두루마기를 빠는 자들은 복이 있으니 이는 그들이 생명나무에 나아가며 문들을 통하여 성에 들어갈 권세를 받으려 함이로다"(계 22:14). 처음부터 끝까지, 잃어버린 낙원에서부터 다시 찾은 낙원에 이르기까지 하나님의 법은 전혀 변하지 않는다. 인간에게 생명나무와 하나님의 은혜로 나아갈 수 있도록 허락해주는 것은 오직 순종뿐이다.

아담과 하와의 불순종으로 말미암아 생명나무와 하나님의 은혜로 나아갈 수 있는 길이 닫혔었다. 그런데 도대체 인간이 어떻게 그리로 나아갈 수 있게 되었단 말인가? 그것은 바로 그리스도의 십자가를 통해서다. 생명나무로 나아가는 길을 닫아놓았던 태초의 불순종으로부터 거기로 다시 들어갈 수 있는 길을 열어놓았던 마지막 순종에까지 이르도록 처음과 마지막 사이의 중간에 있는 것이 바로 그리스도의 십자가이다.

로마서 5장 19절은 그리스도의 십자가를 통해 이루어진 일을 이렇게 묘사하고 있다.

"한 사람이 순종하지 아니함으로 많은 사람이 죄인 된 것같이 한 사람이 순종하심으로 많은 사람이 의인이 되리라."

그리고 빌립보서 2장 7~9절은 이렇게 말씀한다.

"오히려 자기를 비워 종의 형체를 가지사 사람들과 같이 되셨고 사람의 모양으로 나타나사 자기를 낮추시고 죽기까지 복종하셨으니 곧 십자가에 죽으심이라. 이러므로 하나님이 그를 지극히 높여 모든 이름 위에 뛰어난 이름을 주사."

또한 히브리서 5장 8~10절도 참고하라.

"그가 아들이시면서도 받으신 고난으로 순종함을 배워서 온전하게 되셨은즉 자기에게 순종하는 모든 자에게 영원한 구원의 근원이 되시고 하나님께 멜기세덱의 반차를 따른 대제사장이라 칭하심을 받으셨느니라."

우리는 이러한 구절들을 통해 그리스도의 전체적인 구속 사역이 순종을 제자리로 회복하는 사역임을 확인할 수 있다. 그리스도의 구원에 내포된 아름다움은 그리스도께서 우리를 순종의 삶으로 다시금 돌아가게 하는 것이다. 이를 통해 모든 피조물은 창조주에게 마땅한 영광을 돌릴 수 있게 된다. 또한 창조주가 피조물과 함께 나누기를 원하시는 영광을 받을 수 있는 것도 바로 이와 같은 방식을 통해서다.

낙원, 갈보리, 천국과 같은 것들은 모두 한목소리로 선포한다. "하나님의 자녀들아, 너희 하나님이 너희에게 요구하는 처음이자 마지막 일은 단순하고 보편적이며, 절대 변하지 않는 순종이란다."

구약성경에서 나오는 순종의 모습

자, 이제 구약성경으로 눈길을 한번 돌려보자. 하나님 나라의 역사에서 어떤 새로운 시작과 더불어 어떻게 순종이 항상 특별하게 두드러졌는지를 주목해보기를 바란다. 인류의 새로운 아버지인 노아에 관해서 이야기하자면 사실상 노아는 하나님이 자기에게 명하신 대로 다 준행한 사람이다.

"노아가 그와 같이하여 하나님이 자기에게 명하신 대로 다 준행하였더라"(창 6:22).

성경은 노아의 순종을 네 번씩이나 언급한다. 하나님은 자신이 명령한 것을 준행하는 사람에게 그분의 일을 맡기신다. 하나님은 순종하는 사람을 사용하여 그분의 백성을 구원하실 것이다.

이제 선택받은 민족의 조상인 아브라함에 관해 생각해보자.

"믿음으로 아브라함은 부르심을 받았을 때에 순종하여 장래의 유업으로 받을 땅에 나아갈새 갈 바를 알지 못하고 나아갔으며"(히 11:8).

하나님은 아브라함에게 순종하는 마음이 있었음을 알았기에 아브라함을 선택받은 민족의 조상으로 삼으셨다. 아브라함이 그와 같은 믿음과 순종학교에서 40년의 세월을 보냈을 때 하나님은 아브라함의 믿음을 온전하게 하여 최고로 충만한 하나님의 축복으로 면류관을 씌우기 위해 찾아오셨다.

이를 위해서 아브라함은 최고의 순종 행위 이외에는 다른 아무 것도 준비할 것이 없었다. 아브라함이 자기 아들 이삭을 제단에 묶었을 때 하나님이 아브라함에게 찾아오셔서 이렇게 말씀하셨다.

"내가 나를 가리켜 맹세하노니 네가 이같이 행하여 네 아들 네 독자도 아끼지 아니하였은즉 내가 네게 큰 복을 주고 네 씨가 크게 번성하여 하늘의 별과 같고 바닷가의 모래와 같게 하리니 네 씨가 그 대적의 성문을 차지하리라. 또 네 씨로 말미암아 천하 만민이 복을 받으리니"(창 22:16-18).

이 축복은 이삭에게도 그대로 계속되었다.

"이 땅에 거류하면 내가 너와 함께 있어 네게 복을 주고 내가 이 모든 땅을 너와 네 자손에게 주리라. 내가 네 아버지 아브라함에게 맹세한 것을 이루어 네 자손을 하늘의 별과 같이 번성하게 하며 이 모든 땅을 네 자손에게 주리니 네 자손으로 말미암아 천하 만민이 복을 받으리라. 이는 아브라함이 내 말을 순종하고 내 명령과 내 계명과 내 율례와 내 법도를 지켰음이라"(창 26:3-5).

순종이 하나님의 눈에 얼마나 말할 수 없는 기쁨을 가져다주는

지를 도대체 언제 우리가 제대로 깨달을 수 있겠는가! 하나님이 순종으로 말미암아 우리에게 허락하시는 보상이 얼마나 큰지를 도대체 언제 알아차릴 수 있겠는가! 온 세상에 축복을 전하는 유일한 방법은 순종의 사람이 되는 것이다. 우리는 하나님과 세상이 이 한 가지 특징 때문에 우리를 알아보도록 해야 한다. 곧 하나님의 뜻에 완전히 순복하는 의지 말이다. 아브라함의 발자취를 따라 걸어가겠다고 고백하는 모든 사람은 이와 같은 방식으로 순종의 길을 걸어가야 한다.

시내산에 올라간 모세를 한번 찾아가 보자. 하나님은 모세에게 이스라엘 백성을 위한 메시지를 전달하셨다. "세계가 다 내게 속하였나니 너희가 내 말을 잘 듣고 내 언약을 지키면 너희는 모든 민족 중에서 내 소유가 되겠고 너희가 내게 대하여 제사장 나라가 되며 거룩한 백성이 되리라"(출 19:5-6). 그 모든 일의 속성상 다른 방법으로는 그렇게 될 수 없었다. 이스라엘 백성을 향한 하나님의 거룩한 뜻은 그분의 영광과 완전함이었다. 오직 하나님의 뜻에 순종함으로써 그분의 백성이 될 수 있었다.

하나님이 친히 머물고 계셨던 지성소를 세우는 과정을 한번 생각해보자. 출애굽기 마지막 세 장에서 우리는 다음과 같은 표현을 열아홉 번이나 만난다. "모세가 그같이 행하되 곧 여호와께서 자기에게 명령하신 대로 다 행하였더라"(출 40:16). 모세가 하나님께 순종했기 때문에 "여호와의 영광이 성막에 충만했다"(출 40:34).

또다시 레위기 8장과 9장에서 제사장과 성막을 성별하는 것과 관련해서 같은 표현을 되풀이하여 만난다. 거기에서는 이렇게 말씀하신다. "여호와의 영광이 온 백성에게 나타나며 불이 여호와 앞에서 나와 제단 위의 번제물과 기름을 사른지라. 온 백성이 이를 보고 소리 지르며 엎드렸더라"(레 9:23-24).

순종에 따른 하나님의 영광을 앞에서 언급한 여러 가지 말씀보다 더 명료하게 설명할 수는 없을 것이다. 하나님은 자기 백성의 순종 가운데 머물기를 기뻐하시며 한없는 은혜와 임재로 그와 같은 순종에 면류관을 씌워주신다.

40년 동안 광야에서 헤매면서 순종의 열매에 대한 끔찍한 계시를 받은 이후에야 비로소 이스라엘 백성은 새롭게 시작할 준비가 되었다. 이스라엘 백성이 이제 막 가나안 땅으로 들어가려는 순간이었다. 신명기를 한번 읽어보면서 가나안 땅을 바라보며 모세가 말한 모든 말씀을 살펴보라. 그러면 그 당시의 이스라엘 민족에 대해 묘사하는 가운데 신명기에서는 너무나 자주 '순종하다'(obey)라는 단어를 사용하고 있으며 순종이 확실하게 가져다주는 축복에 대해 너무나 많이 언급하고 있음을 알게 될 것이다.

이와 같은 전체적인 개념이 다음 말씀에 정확하게 묘사되어 있다. "내가 오늘 복과 저주를 너희 앞에 두나니 너희가 만일 내가 오늘 너희에게 명하는 너희의 하나님 여호와의 명령을 들으면 복이 될 것이요. 너희가 만일 내가 오늘 너희에게 명령하는 도에서 돌이켜 떠나 너희의 하나님 여호와의 명령을 듣지 아니하고 본래 알지 못하던 다른 신들을 따르면 저주를 받으리라"(신 11:26-28).

그렇다. "하나님 여호와의 명령을 들으면 복이 될 것이요"라는 사실은 복 있는 삶을 살기 위한 가장 중요한 원칙이다. 에덴동산과 마찬가지로 가나안을 비롯하여 낙원 같은 천국에서도 역시 순종할 때만 축복의 장소로 바뀔 수 있을 것이다. 오, 우리가 이와 같은 순종의 삶을 제대로 붙잡는다면 정말로 얼마나 멋지겠는가!

그러나 어떤 축복을 누리기 위해서는 오직 깨어서 기도하는 수밖에 없다. 우리는 먼저 순종의 삶을 추구해야 한다. 그러면 하나님이 그런 축복의 삶을 허락하실 것이다. 그러므로 우리가 그리스도인으로서 끊임없이 해야 할 질문은 "도대체 어떻게 내가 하나님께 완전히 순종하고 전적으로 하나님을 기쁘시게 할 수 있을까?"여야 한다.

사울 왕의 불완전한 순종

순종은 이스라엘에서 왕을 임명하는 과정에서도 굉장히 중요한 역할을 했다. 사울 왕의 이야기에서 우리는 하나님이 그분의 백성을 다스릴 통치자로 세우려는 사람에게 요구되는 정확하고 완전한 순종에 관한 가장 준엄한 경고를 만난다. 사울은 선지자 사무엘이 내려가서 희생제사를 드리고 사울에게 무엇을 해야 할지 보여줄 때까지 7일 동안 가만히 기다리라는 명령을 받았다. "너는 나보다 앞서

길갈로 내려가라. 내가 네게로 내려가서 번제와 화목제를 드리리니 내가 네게 가서 네가 행할 것을 가르칠 때까지 칠 일 동안 기다리라"(삼상 10:8). 그러나 사무엘이 늦게 내려오자, 사울은 자신이 직접 희생제사를 드렸다. "사울은 사무엘이 정한 기한대로 이레 동안을 기다렸으나 사무엘이 길갈로 오지 아니하매 백성이 사울에게서 흩어지는지라. 사울이 이르되 번제와 화목제물을 이리로 가져오라 하여 번제를 드렸더니 번제 드리기를 마치자 사무엘이 온지라. 사울이 나가 맞으며 문안하매"(삼상 13:8-10).

마침내 사무엘이 도착해서 사울에게 이렇게 말한다. "왕이 망령되이 행하였도다. 왕이 왕의 하나님 여호와께서 왕에게 내리신 명령을 지키지 아니하였도다. 그리하였더라면 여호와께서 이스라엘 위에 왕의 나라를 영원히 세우셨을 것이거늘 지금은 왕의 나라가 길지 못할 것이라. 여호와께서 왕에게 명령하신 바를 왕이 지키지 아니하였으므로 여호와께서 그의 마음에 맞는 사람을 구하여 여호와께서 그를 그의 백성의 지도자로 삼으셨느니라"(삼상 13:13-14). 하나님은 순종하지 않는 사람은 영화롭게 하지 않으신다.

사울은 자기 마음속에 있는 것들을 하나님께 보여줄 수 있는 두 번째 기회를 얻었다. 하나님은 사울을 보내 아말렉 족속에 대한 심판을 실행하려고 계획하셨다. 사울은 이 일에 순종하였다. 그래서 2만 명의 군사를 모아 광야로 행군하여 아말렉을 물리쳤다. 하나님은 "지금 가서 아말렉을 쳐서 그들의 모든 소유를 남기지 말고 진멸하되 남녀와 소아와 젖 먹는 아이와 우양과 낙타와 나귀를 죽이라"(삼 상 15:3)고 사울에게 명령하셨다.

하지만 사울은 "아말렉 사람의 왕 아각을 사로잡고 칼날로 그의 모든 백성을 진멸하였으되 사울과 백성이 아각과 그의 양과 소의 가 장 좋은 것 또는 기름진 것과 어린 양과 모든 좋은 것을 남기고 진멸 하기를 즐겨 아니하고 가치 없고 하찮은 것"(삼상 15:8-9)만 진멸하 는 행위로 하나님의 말씀에 순종하지 않았다.

그래서 하나님은 사무엘에게 이렇게 말씀하셨다. "내가 사울을 왕으로 세운 것을 후회하노니 그가 돌이켜서 나를 따르지 아니하며 내 명령을 행하지 아니하였음이니라"(삼상 15:11). 사무엘이 오자 사 울 왕은 이렇게 인사를 건넸다. "당신은 여호와께 복을 받으소서. 내 가 여호와의 명령을 행하였나이다. …나는 실로 여호와의 목소리를 청종하여 여호와께서 보내신 길로 가서 아말렉 왕 아각을 끌어왔고 아말렉 사람들을 진멸하였으나"(삼상 15:13, 20).

많은 사람이 생각하는 것처럼 사울이 하나님의 명령에 순종하기 는 했다. 그러나 사울의 순종은 완전하지 못했다. 하나님은 "그들의 모든 소유를 남기지 말고 진멸하되"(삼상 15:3)라고 말씀하시면서 정확하고 완전한 순종을 요구하셨다. 그런데도 사울은 정확히 그대 로 순종하지 않았다. 사울은 하나님께 희생제사를 드리기 위해 가장 좋은 가축 떼를 남겨놓았다.

그래서 사무엘은 이렇게 꾸짖는다. "여호와께서 번제와 다른 제사를 그의 목소리를 청종하는 것을 좋아하심같이 좋아하시겠나이까. 순종이 제사보다 낫고 듣는 것이 숫양의 기름보다 나으니 이는 거역하는 것은 점치는 죄와 같고 완고한 것은 사신 우상에게 절하는 죄와 같음이라. 왕이 여호와의 말씀을 버렸으므로 여호와께서도 왕을 버려 왕이 되지 못하게 하셨나이다"(삼상 15:22-23). 순종을 대체할 만한 것은 아무것도 없다.

이것은 대다수 사람이 범하는 순종의 슬픈 본보기이다. 이런 순종은 부분적으로 하나님의 명령을 수행하기는 하지만, 그런데도 그것은 여전히 하나님이 요구하시는 전적인 순종이 아니다! 하나님은 모든 죄와 불순종에 대해서도 이처럼 말씀하신다. "그들의 모든 소유를 남기지 말고 진멸하되"(삼상 15:3).

하나님이 우리에게 요구하시는 모든 것을 정말 제대로 수행하고 있는지, 하나님의 뜻과 완벽하게 조화를 이루지 못하는 모든 것을 완전히 파괴하면서 우리 안에 하나도 남겨두고 있지 않은지 분명히 드러내야 한다. 하나님을 만족시킬 수 있는 것은 오직 아무리 세세한 부분이라 할지라도 온 마음을 다해 순종하는 것뿐이다. 그에 미치지 못하는 어떤 것도 하나님을 만족시키지 못한다. 그러므로 우리는 하나님이 "네가 나의 말을 버렸도다"(삼상 15:26 참조)라고 말씀하시는데도 불구하고 스스로 "나는 순종하였다"라고 엉터리로 말하지 않도록 조심해야 한다.

순종에 따라오는 여러 가지 축복

구약성경에서 순종이라는 단어를 좀 더 찾아보자. 신명기 다음으로 예레미야서가 "순종하다"라는 말을 가장 많이 사용한다. 그런데 여기에서는 이스라엘 백성이 하나님께 순종하지 않고 불평만 늘어놓는 것이 대부분이다. 이런 사실을 살펴보는 일은 참으로 슬픈일이다.

하나님은 이 단락에서 이스라엘 조상들을 다루시는 온갖 내용을 요약해 놓고 계신다. "사실은 내가 너희 조상들을 애굽 땅에서 인도하여 낸 날에 번제나 희생에 대하여 말하지 아니하며 명령하지 아니하고 오직 내가 이것을 그들에게 명령하여 이르기를 너희는 내 목소리를 들으라. 그리하면 나는 너희 하나님이 되겠고 너희는 내 백성이 되리라. 너희는 내가 명령한 모든 길로 걸어가라. 그리하면 복을 받으리라"(렘 7:22-23).

그러나 "그들이 순종하지 아니하며 귀를 기울이지도 아니하고 자신들의 악한 마음의 꾀와 완악한 대로 행하여 그 등을 내게로 돌리고 그 얼굴을 향하지 아니하였으며 너희 조상들이 애굽 땅에서 나온 날부터 오늘까지 내가 내 종 선지자들을 너희에게 보내되 끊임없이 보내었으나 너희가 나에게 순종하지 아니하며 귀를 기울이지 아니하고 목을 굳게 하여 너희 조상들보다 악을 더 행하였느니라"(렘 7:24-26).

그러므로 우리는 온갖 희생제사가, 심지어 하나님의 사랑하는 독생자를 드리는 희생제사조차도 단 한 가지보다 못한 부수적임을 반드시 깨달아야 한다. 곧 모든 피조물이 완전한 순종을 회복하는 일이다. 만약 먼저 하나님의 음성에 순종하지 않으면 하나님이 "나는 네 하나님이 될 것이다"라고 말씀하실 때 우리는 그와 같은 하나님의 축복에 들어갈 수 없게 된다.

이제 신약성경을 한번 살펴보자. 신약성경에서 우리는 즉각적으로 복되신 우리 주 예수 그리스도께서 강조하신 순종의 중요성을 마음에 떠올리게 된다. 예수님은 스스로 이 세상에 오신 이유 가운데 하나로서 순종을 강조하셨다. 예수님은 이렇게 선포하시면서 이 세상에 오셨다.

"보시옵소서. 내가 하나님의 뜻을 행하러 왔나이다"(히 10:9).

예수님은 항상 사람들에게 이렇게 고백하셨다. "내가 아무것도 스스로 할 수 없노라. 듣는 대로 심판하노니 나는 나의 뜻대로 하려 하지 않고 나를 보내신 이의 뜻대로 하려 하므로 내 심판은 의로우니라"(요 5:30). 예수님이 행하시고 고난 겪으신 모든 일, 심지어 죽음에 대해서조차도 그분은 "이를 내게서 빼앗는 자가 있는 것이 아니라 내가 스스로 버리노라. 나는 버릴 권세도 있고 다시 얻을 권세도 있으니 이 계명은 내 아버지에게서 받았노라"(요 10:18)고 말씀하셨다. 그분의 가르침 가운데 곳곳에서 예수님은 제자가 되기를 원하는 모든 사람에게 자신이 하나님 아버지께 보여드린 그와 같은 순종을 요구하신다는 사실을 발견하게 된다.

예수님의 모든 사역 기간 순종이야말로 구원의 바로 그 본질이라고 말씀하셨다. 산상수훈에서 예수님은 이와 같은 주제로 말씀을 시작하셨다.

"나더러 주여 주여 하는 자마다 다 천국에 들어갈 것이 아니요. 다만 하늘에 계신 내 아버지의 뜻대로 행하는 자라야 들어가리라"(마 7:21).

그리고 고별 강론에서도 참된 순종의 영적인 성격을 멋지게 계시하셨다. 그 순종은 사랑으로 말미암아 탄생하고 사랑을 통해 영감을 얻고 하나님의 사랑으로 들어가는 문을 열어준다.

다음과 같은 멋진 말씀을 마음에 새겨두기를 바란다.

"너희가 나를 사랑하면 나의 계명을 지키리라. 내가 아버지께 구하겠으니 그가 또 다른 보혜사를 너희에게 주사 영원토록 너희와 함께 있게 하리니. …나의 계명을 지키는 자라야 나를 사랑하는 자니 나를 사랑하는 자는 내 아버지께 사랑을 받을 것이요 나도 그를 사랑하여 그에게 나를 나타내리라. …사람이 나를 사랑하면 내 말을 지키리니 내 아버지께서 그를 사랑하실 것이요 우리가 그에게 가서 거처를 그와 함께하리라"(요 14:15-16,21,23).

다른 어떤 말씀도 그리스도께서 순종에 두신 상상할 수 없을 정도의 영광스러운 가치보다 훨씬 더 간략하게, 또는 훨씬 더 강력하게 순종의 가치를 표현할 수는 없을 것이다. 거기에는 이중적인 의미가 포함되어 있다. 이를테면 순종은 오직 사랑하는 마음을 가진 사람에게만 가능할 뿐만 아니라 하나님이 예수 그리스도 안에서 그분의 놀라운 성령, 그분의 놀라운 사랑, 그분의 내주하시는 임재를 허락하셔야 하는 모든 사람에게도 문을 활짝 열어준다.

영적인 삶이나 사랑에 기초한 순종의 능력에 관해 요한복음 14장보다 더 고차원적인 계시를 드러내는 성경 말씀은 어디에도 없다. 하나님의 성령이 조명하심으로 말미암아 우리의 일상적인 순종에 그분의 영광을 비춰달라고 간절히 기도하자.

날마다 하나님의 계명에 순종하는 삶

요한복음 15장에 나오는 포도나무 비유는 이 개념을 다시 확인시켜준다. 우리는 얼마나 포도나무 비유를 잘 알고 있는가! 우리는 얼마나 자주, 그리고 간절하게 그리스도 안에 지속해서 머무는 법을 알려달라고 요청하는가! 우리는 말씀을 더 많이 연구하고, 더 큰 믿음을 갖고, 더 많이 기도하고, 또한 하나님과 더 많이 교제하는 것이 예수님을 확실하게 닮아가는 열쇠인 것처럼 생각해왔다. 하지만 우리는 오히려 단 한 가지 진리를 간과해왔다. 예수님은 분명히 이렇게 가르치고 계신다.

"내가 아버지의 계명을 지켜 그의 사랑 안에 거하는 것같이 너희도 내 계명을 지키면 내 사랑 안에 거하리라"(요 15:10).

다시 말하지만 순종이 열쇠다.

"사람이 나를 사랑하면 내 말을 지키리니 내 아버지께서 그를 사랑하실 것이요. 우리가 그에게 가서 거처를 그와 함께하리라. 나를 사랑하지 아니하는 자는 내 말을 지키지 아니하나니 너희가 듣는 말은 내 말이 아니요. 나를 보내신 아버지의 말씀이니라"(요 14:23-24).

우리와 마찬가지로 예수님이 하나님의 사랑 안에 머물면서 살아가는 유일한 길은 하늘 아래서 단지 계명을 지키는 것뿐이었다.

이 세상에서 순종은 하나님 마음을 기쁘시게 하는 열쇠다. 당신은 이에 관해 알고 있었는가? 어디에선가 순종에 관해 설교를 들은 적이 있는가? 당신의 경험 속에서 순종이 가장 중요한 열쇠임을 믿고 그것이 참되다는 사실을 증명해 보인 적이 있는가? 전심전력을 다하시는 하나님의 사랑과 온 마음을 다하는 우리의 넘치는 순종 사이에 아무런 유사성이 없다면 그리스도께서는 우리에게 자신을 현현하실 수 없다. 그러면 하나님이 우리 안에 내주하실 수 없으며 우리도 하나님의 사랑 안에서 살아갈 수 없다.

우리는 사도행전에서 예수님의 가르침이 어떻게 베드로의 삶 가운데 일부가 되었는지 보여주는 메시지를 발견하게 된다. "사람보다 하나님께 순종하는 것이 마땅하니라"(행 5:29). 우리는 심지어 죽기까지 하나님께 순종해야 한다. 이 세상에 있는 어떤 것도 자신을 하나님께 드리는 사람의 순종을 감히 방해할 수 없다. "우리는 이 일에 증인이요 하나님이 자기에게 순종하는 사람들에게 주신 성령도 그러하니라"(행 5:32). 베드로는 오순절을 준비하는 것은 그리스도께 순복하는 것임을 보여준다. 완전한 순종은 자신을 죽이기까지 믿음이 충만해지는 것이다.

사도 바울은 로마인들에게 보내는 서신의 첫인사와 마지막 인사를 나누는 구절에서 "우리는 그를 통하여 은혜를 입어 사도의 직분을 받았습니다. 그것은 우리가 그 이름을 전하여 모든 민족이 믿고 순종하게 하려는 것입니다"(롬 1:5, 16:26 참고)라고 자신이 사도가 된 이유를 밝히고 있다. 그리고 "그(그리스도의) 이름을 전하여 모든 민족이 믿고 순종하게 하려는 것"이 자신이 사도로서 섬기는 좌우명이라고 말했다.

또한 사도 바울은 "그리스도께서 이방인들을 순종하게 하기 위하여 나를 통하여 역사하신 것 외에는 내가 감히 말하지 아니하노라"(롬 15:18)고 역설하였다. 바울은 그리스도의 순종이 우리를 의롭게 만든 것처럼 우리가 순종의 종이 된다고 가르쳤다. 아담과 우리의 불순종이 죽음을 불러온 것처럼 그리스도와 우리의 순종은 하나님과 그분의 은혜로 나아가는 회복의 지름길이다.

말씀을 듣고 순종하는 삶

사도 야고보는 "너희는 말씀을 행하는 자가 되고 듣기만 하여 자신을 속이는 자가 되지 말라"(약 1:22)고 말하면서 단순히 하나님의 말씀을 듣고 마는 자가 되지 말고 적극적으로 행하는 자가 되라고 권면한다. 그런 다음에는 믿음으로 말미암아 의롭게 되었지만 그에 합당한 행위로 말미암아 믿음이 온전하게 된 아브라함을 본보기로 제시하고 있다.

"우리 조상 아브라함이 그 아들 이삭을 제단에 바칠 때에 행함으로 의롭다 하심을 받은 것이 아니냐. 네가 보거니와 믿음이 그의 행함과 함께 일하고 행함으로 믿음이 온전하게 되었느니라. 이에 성경에 이른 바 아브라함이 하나님을 믿으니 이것을 의로 여기셨다는 말씀이 이루어졌고 그는 하나님의 벗이라 칭함을 받았나니 이로 보건대 사람이 행함으로 의롭다 하심을 받고 믿음으로만은 아니니라. 또 이와 같이 기생 라합이 사자들을 접대하여 다른 길로 나가게 할 때에 행함으로 의롭다 하심을 받은 것이 아니냐. 영혼 없는 몸이 죽은 것같이 행함이 없는 믿음은 죽은 것이니라"(약 2:21-26).

베드로전서 1장에서도 우리는 베드로의 믿음 체계에서 순종이 얼마나 중요한 위치를 차지하고 있는지를 살펴볼 수 있다. 2절에서 베드로는 이렇게 강조한다. "하나님 아버지께서 여러분을 미리 아시고 성령으로 거룩하게 해주셔서 여러분은 순종하게 되고 예수 그리스도의 피 뿌림을 받게 되었습니다"(새번역). 사도 베드로는 순종이야말로 하나님 아버지의 영원한 목적임을 우리에게 보여준다. 순종은 성령의 일하심 가운데 가장 커다란 목적이며 그리스도의 구원 가운데 가장 중요한 부분이다. 그래서 베드로는 이렇게 말했다.

"너희가 순종하는 자식처럼 전에 알지 못할 때에 따르던 너희 사욕을 본받지 말고 오직 너희를 부르신 거룩한 이처럼 너희도 모든 행실에 거룩한 자가 되라"(벧전 1:14-15).

순종은 참된 거룩함의 출발점이다. 그래서 베드로는 나중에 "너희가 진리를 순종함으로 너희 영혼을 깨끗하게 하여"(벧전 1:22)라고 권면한다. 하나님의 진리를 받아들이는 것은 단순히 지적인 동의나 감정적인 확신의 문제가 아니다. 오히려 하나님의 진리라는 주권에 모든 삶을 순복하는 문제이다. 그리스도인의 삶이란 다른 무엇보다도 먼저 순종으로 특징지어진다.

우리는 사도 요한의 진술이 얼마나 강력한지를 잘 알고 있다. "그를 아노라 하고 그의 계명을 지키지 아니하는 자는 거짓말하는 자요. 진리가 그 속에 있지 아니하되"(요일 2:4). 순종은 그리스도인의 성품을 오롯이 드러내는 보증서이다. 그래서 요한은 또 이렇게 말한다. 가슴에 새겨두면 좋을 것 같다.

"자녀들아 우리가 말과 혀로만 사랑하지 말고 행함과 진실함으로 하자. 이로써 우리가 진리에 속한 줄을 알고 또 우리 마음을 주 앞에서 굳세게 하리니. ⋯무엇이든지 구하는 바를 그에게서 받나니 이는 우리가 그의 계명을 지키고 그 앞에서 기뻐하시는 것을 행함이라"(요일 3:18-19,22).

순종은 선한 양심의 비밀

순종은 선한 양심의 비밀이며 하나님이 우리에게 귀를 기울이고 계신다는 확신의 비밀이다. "하나님을 사랑하는 것은 이것이니 우리가 그의 계명들을 지키는 것이라. 그의 계명들은 무거운 것이 아니로다"(요일 5:3). 우리는 진심에서 우러나는 기꺼운 순종을 통해 세상에 대해서 뿐만 아니라 하나님에 대해서 하나님을 향한 우리의 사랑을 드러내게 된다. 하나님의 계명을 지키는 순종은 하나님을 향한 우리 사랑의 외적인 표현이다.

이처럼 순종은 성경 속에서, 하나님의 마음속에서, 그리고 그분의 종들이 품은 마음속에서 아주 높은 위치를 차지하고 있다. 우리는 "순종이 과연 내 마음과 삶 속에서 그와 같은 자리를 차지하고 있는가?" 하고 자문해봐야 한다. 과연 우리는 하나님이 의도하신 대로 우리에 대한 최고 권위의 자리를 순종에 내주고 있는가? 순종이 모든 행위의 동기와 하나님께 담대하게 나아가는 용기를 불어넣어 주는가?

만약 하나님의 성령을 추구하는 일에 우리 자신을 내드리지 않는다면 우리는 우리 삶에 절대적인 순종이 차지하는 중요성을 묵과했다는 사실을 발견하게 될 것이다. 이와 같은 결핍이 우리의 기도 생활과 일상생활에서 실패하는 온갖 원인으로 작용하게 된다. 그래서 하나님의 은혜에 관한 더 깊은 축복과 더불어 하나님의 사랑과 친밀함을 충분히 누리는 삶이 우리 영역을 벗어나게 된다. 왜냐하면 단지 우리가 하나님이 의도하시는 만큼 제대로 순종에 중요성을 부여하지 않았기 때문이다. 그러나 순종은 우리 그리스도인의 삶에서 출발점이자 목표이다.

이와 같은 첫 번째 연구를 통해 우리 안에 순종의 진리에 관한 하나님의 뜻을 충분히 알고자 하는 간절한 소망이 일어나기를 원한다. 순종이 모든 것을 다스리지 않을 때 그리스도인의 삶에 얼마나 많은 요소가 부족하게 되는지 정확히 보여달라고 성령께 간구하자. 에덴동산에서 아담의 불순종이 문을 닫았으며, 두 번째 아담의 순종으로 그 문을 열었던 것처럼 우리의 순종으로 하나님이 우리의 마음속에 오셔서 머무를 수 있도록 문을 열게 만들자.

"하나님이여, 주께서 우리에게 요구하시는 단 한 가지 제사, 곧 우리가 주님께 마음껏 드릴 수 있는 제사로서 순종을 삼게 하소서! 그래서 하나님이 그리스도 안에서 우리가 이 세상의 삶을 성공적으로 살아가게 하실 것이라는 충분한 확신을 얻게 하소서!"

한 사람이 순종하지 아니함으로 많은 사람이 죄인 된 것같이 한 사람이 순종하심으로 많은 사람이 의인이 되리라. 로마서 5:19.
너희 자신을 종으로 내주어 누구에게 순종하든지 그 순종함을 받는 자의 종이 되는 줄을 너희가 알지 못하느냐. 혹은 죄의 종으로 사망에 이르고 혹은 순종의 종으로 의에 이르느니라. 로마서 6:16.

"한 사람이 순종하지 아니함으로 많은 사람이 죄인 된 것같이 한 사람이 순종하심으로 많은 사람이 의인이 되리라"(롬 5:19). 이 말씀은 우리가 그리스도께 얼마나 많은 빚을 졌는지 말해준다. 비록 우리가 아담 안에서 죄인이 될 수밖에 없었지만 그리스도 안에서는 의인이 된다.

또한 앞에서 소개한 로마서의 말씀들은 우리 의로움이 그리스도의 순종 덕분이라고 말해준다. 우리는 아담의 불순종을 통해서는 죄를 범하기 쉬웠지만 그리스도의 순종을 통해서는 의롭게 될 수 있었다. 우리는 모든 일에서 그리스도의 순종에 따른 빚을 지고 있다. 이것은 그리스도 안에서 유산으로 물려받게 되는 온갖 보화 중에서 가장 풍성한 것이다.

지금까지 얼마나 많은 사람이 순종에 대한 진리를 사랑하고 기뻐하면서도 순종에 따른 충만한 축복을 받기까지 이와 같은 진리를 한 번도 제대로 연구하지 않았던가! "하나님이여, 성령을 통해 순종의 영광을 계시하셔서 우리가 순종의 능력을 함께 나누는 자가 되게 하소서!"

당신은 아마 오직 믿음으로만 의롭게 된다는 칭의에 관한 진리와 아주 친숙할 것이다. 로마서 3장 21절부터 5장 11절에 이르기까지 바울은 칭의에서 기초를 이루는 것이 바로 예수 그리스도의 보혈로 말미암은 속죄였다고 가르친다. 바울은 의로움을 얻는 길이 "경건하지 아니한 자를 의롭다 하시는 이"(롬 4:5)인 하나님의 값없는 은혜를 신뢰하는 믿음이라고 가르친다. 칭의의 복 있는 열매가 그리스도의 의로움을 나누어 갖는 것이라고 말하며 그로 말미암아 우리는 하나님의 은혜에 즉각적으로 나아갈 수 있을 뿐만 아니라 영광의 소망을 자신에게 불어넣을 수 있게 되었다고 말한다.

로마서 5장 19절에서 바울은 "한 사람이 순종하심으로 많은 사람이 의인이 되리라"고 말씀하면서 아담과 우리의 연합, 그리고 이와 같은 연합으로부터 흘러나오는 갖가지 결과를 말한다. 그러니까 바울은 믿음을 통해 그리스도와 연합하는 것에 관한 더 깊은 진리를 자연스럽게 전개하고 있으며 바로 거기에 칭의의 뿌리가 자리 잡고 있다. 그로 말미암아 하나님이 그분 자신을 위해 우리를 받아들이는 것이 가능해지게 된다.

아담에게로 돌아가 아담과 연합함으로써 나타나는 갖가지 결과와 더불어 바울은 믿음으로 그리스도를 받아들이고, 그리하여 그분과 연합하는 사람이 그분의 의로움과 생명을 함께 나누게 되는 것이 얼마나 완벽하게 자연스럽고 합리적인지 증명하고 있다.

특히 바울은 아담의 불순종으로 말미암아 초래된 정죄와 죽음, 그리스도의 순종으로 말미암아 얻게 되는 의로움과 생명 사이를 날카롭게 대조시키면서 강조하고 있다. 그리스도의 순종이 우리의 구원을 위해 일하시는 그분의 사역에서 차지하는 위치를 연구하면서 그 순종이야말로 바로 그 구원의 뿌리임을 깨달을 때 우리는 순종이 우리의 마음과 삶 속에서 어떤 위치를 차지해야 하는지 올바로 알게 될 것이다.

이중적인 연관성

"한 사람이 순종하지 아니함으로 많은 사람이 죄인 된 것같이."

어떻게 이것이 가능하단 말인가? 아담과 그 후손들 사이에는 이중적인 연관성이 있었다. 하나는 법적인 것(judicial)이고 다른 하나는 유전적인 것(inherited)이다. 법적인 부분 때문에, 심지어 아직 태어나지 않은 아이를 포함한 모든 인류는 즉각적으로 사형선고를 받게 되었다. "아담으로부터 모세까지 아담의 범죄와 같은 죄를 짓지 아니한 자들까지도 사망이 왕 노릇 하였나니 아담은 오실 자의 모형이라"(롬 5:14). 여기에는 심지어 어린아이까지도 모두 포함된다.

이와 같은 법적인 관계는 유전적인 관계 속에도 깊이 뿌리박고 있다. 만약 인류가 아담의 후손이 아니었다면 그와 같은 사형선고가 인류에게 내려질 수 없었을 것이다. 그런데 다시금 유전적인 부분이 법적인 부분으로 나타나게 되었다. 그리하여 모든 아담의 자녀는 죄와 죽음의 권세 아래 있는 삶으로 들어가게 된다. 한 사람의 불순종을 통해 "많은 사람이 죄인 된 것같이" 우리는 모두 죄의 저주 아래 놓일 수밖에 없었다. 본질상 죄의 권세 아래 붙잡힐 수밖에 없었다.

"아담은 오실 자의 모형이라"(롬 5:14). 두 번째 아담으로 불린 예수님은 인류의 두 번째 아버지셨다. 아담의 불순종으로 나타난 결과는 그리스도의 순종으로 나타난 결과와 정확히 평행선을 달린다. 한 죄인이 예수 그리스도를 믿을 때 그 죄인은 그리스도와 연합하게 된다. 즉각적으로 법적인 선고가 내려짐으로 말미암아 그 죄인은 하나님의 눈에 하나님의 뜻을 따르는 의로운 사람으로 받아들여지게 된다. 그래서 이제는 의로움을 누리면서 그에 따라오는 순종의 삶과 본질을 함께 누리게 된다.

　여기서 다시금 법적인 관계가 유전적인 관계 속에 뿌리내리게
된다. 그 사람은 그리스도를 소유하고 그리스도 안에 머물게 됨으로
써 그리스도의 의(義)를 소유하게 된다. 그리스도 안에 있게 된다는
것이 의미하는 바를 충분히 알기도 전에 그 사람은 자신이 무죄를
선고받았으며 주님께 받아들여졌다는 사실을 알 수 있게 된다. 그러
나 이때 그 사람은 유전적인 관계로 아담의 불순종에 동참하여 죽음
과 죄악 된 본성이 뒤따라온다는 사실도 알게 된다. 이와 마찬가지
로 실질적이고 완전하게 그리스도의 순종에 동참함으로 말미암아
의로움, 순종적인 삶, 그에 따른 순종의 본성을 마음껏 누릴 수 있다
는 사실을 이해하게 된다.

좀 더 심층적인 관찰

　아담의 불순종을 통해 우리는 모두 죄인이 되었다. 하나님께서
에덴동산에서 아담에게 요구하셨던 단 한 가지는 순종이었다. 그러
므로 피조물이 하나님께 영광을 돌리거나 하나님의 은혜와 축복을
누릴 수 있는 단 한 가지는 바로 순종이다.

　이 세상에서 죄의 권세와 그로 말미암아 파멸하는 단 한 가지 이
유는 바로 불순종이다. 우리는 아담으로부터 고집스러움, 이기심,
불순종으로 기울어지는 경향을 물려받았다. 죄의 총체적인 저주는

바로 우리를 충동질하는 불순종이다. 물론 그것도 우리가 선택한 것이다. 우리 안에 역사하는 죄의 권세는 아담의 본성에 지나지 않는다. 우리는 아담의 불순종을 물려받았다. 우리는 "불순종의 아들들"(엡 2:2)로 태어났다.

그래서 그리스도께서 이와 같은 불순종을, 더 나아가 불순종으로 말미암은 저주, 지배, 악한 본성 따위를 제거할 필요가 있으셨다. 불순종은 모든 죄악과 비참함의 뿌리이다. 그리스도의 구원이 목표로 삼았던 첫 번째 목적은 그와 같은 악의 뿌리를 완전히 잘라내 인간에게 원래 운명, 곧 하나님께 순종하는 삶을 회복시키는 것이었다.

그렇다면 그리스도께서는 도대체 어떻게 이와 같은 목적을 달성하셨는가? 예수님은 첫 번째 아담이 했던 일을 원상태로 돌리는 두 번째 아담으로 오심으로써 이 목적을 이루셨다. 죄는 항상 하나님의 뜻을 알고 행하는 삶을 추구하는 것이 창피스러운 일이라 믿게끔 했다. 그러나 그리스도께서는 순종의 삶이 얼마나 고상하고, 얼마나 축복 넘치고, 얼마나 하나님을 기쁘시게 하는지 우리에게 보여주기 위해 오셨다.

하나님이 우리에게 피조물이라는 옷을 입혀주셨을 때 우리는 그 옷의 아름다움과 흠 없는 정결함이 오직 하나님에 대한 순종으로만 비롯될 수 있다는 사실을 알지 못했다. 그리스도께서 이 땅에 오셔서 친히 그 옷을 입으시고 우리에게 그 옷을 입는 방법을 자세히 보여주셨다. 그리스도께서는 어떻게 우리가 하나님의 임재와 영광으

로 들어갈 수 있는지 보여주기 위해 이 땅에 오셨다. 그리스도께서
는 불순종을 이기셨으며 우리의 불순종을 대신하여 그분의 순종으
로 채울 수 있는 능력을 우리에게 부어주셨다. 아담의 불순종이 보
편적이며 강력하여 곳곳에 널리 퍼져 있지만 그리스도의 순종으로
말미암은 권세는 그보다 훨씬 더 널리 퍼져나갔다.

그리스도의 삼중적인 목표

그리스도께서 보여주신 순종의 삶에는 삼중적인 목적이 있었다.
첫째, 예수님은 참된 순종이 무엇인지 보여주기 위한 우리의 본보기
로서 이 땅에 오셨다. 둘째, 예수님은 그분의 순종을 통해 우리에 대
한 모든 의를 이루기 위해 우리의 보증으로서 이 땅에 오셨다. 셋째,
예수님은 우리 안에 새롭고 순종적인 본성을 나누어주려고 준비하
기 위한 우리의 머리로서 이 땅에 오셨다.

그리고 또한 예수님은 자신의 완전한 순종이 최대한 끝까지, 심
지어 하나님을 위해 목숨을 버리기까지 순종하기 위한 준비임을 보
여주시려고 십자가에서 돌아가셨다. 순종은 우리의 불순종으로 말
미암은 정죄를 대속하는 것이다. 순종은 하나님과 우리 자신을 위해
하나님이 원하시는 삶으로 들어감으로써 죄에 대해 죽는다는 의미
이다.

아담의 불순종이 어떤 영향을 끼쳤든지 간에 그리스도의 순종으

로 말미암아 그것은 단절되었고 대체되었다. 법적으로 그와 같은 순종을 통해 우리는 하나님과 올바른 관계를 맺은 의인이 되었다. 아담의 불순종으로 말미암아 하나님과의 관계가 단절된 죄인이 되었던 것과 마찬가지로 우리는 그리스도의 희생적인 죽음을 통해 단번에 의롭게 되어 죄와 죽음의 권세에서 벗어났다.

이제 우리는 의로운 사람으로서 하나님 앞에 서게 된다. 우리는 그리스도의 죽음과 부활 안에서 그분과 하나가 되었기 때문에 이제 죄에 대해서는 정말로 죽었으며, 그리스도처럼 하나님에 대해서는 살았다. 그러므로 그리스도 안에서 우리가 받아들이는 삶은 순종의 삶이나 다름없다.

순종이 무엇인지 알기 위해서는 어떻게 그리스도의 순종이 우리의 의와 구원의 비밀이 되는지 깊이 생각해봐야 한다. 순종이 무엇인지 이해하기를 원하는 사람은 모두 반드시 이것을 곰곰이 생각해봐야 한다. 우리가 그리스도께 순종하는 것은 하나님의 뜻을 따를 수 있는 비밀이며 하나님 안에서 발견하는 구원의 비밀이다. 순종은 그와 같은 의로움의 본질이다.

순종은 결과적으로 우리 구원을 초래한다. 예수님의 순종은 나의 불순종을 덮어주고 없애주고 끝내주기 때문에 마땅히 받아들이고 신뢰하고 기뻐해야 할 대상이다. 하나님에 대한 예수 그리스도의 순종은 하나님이 나를 받아들이시기 위한 절대 버릴 수 없는 단 하나의 기초이다. 그러므로 아담의 불순종이 내 삶을 다스리는 세력이

자 내 안에 자리 잡은 죽음의 세력인 것과 마찬가지로 그리스도의 순종은 내 안에 있는 새로운 본성의 생명 넘치는 권세이다.

이제 나는 바울이 왜 다음과 같은 말씀에서 의와 생명을 그토록 밀접하게 관련시키는지를 이해하게 되었다. 이 말씀을 깊이 묵상해 보자.

"한 사람의 범죄로 말미암아 사망이 그 한 사람을 통하여 왕 노릇 하였은즉 더욱 은혜와 의의 선물을 넘치게 받는 자들은 한 분 예수 그리스도를 통하여 생명 안에서 왕 노릇 하리로다. 그런즉 한 범죄로 많은 사람이 정죄에 이른 것같이 한 의로운 행위로 말미암아 많은 사람이 의롭다 하심을 받아 생명에 이르렀느니라. 한 사람이 순종하지 아니함으로 많은 사람이 죄인 된 것같이 한 사람이 순종하심으로 많은 사람이 의인이 되리라"(롬 5:17-19).

우리가 첫째 아담과 둘째 아담 사이에 나란히 대조되는 것을 훨씬 더 조심스럽게 살펴볼수록 첫째 아담 안에서 죽음과 불순종이 어떻게 그 후손들을 다스렸는지, 그리고 어떻게 사망과 불순종이 아담과의 연합을 통해 이처럼 전해졌는지 점점 더 많이 깨닫게 된다. 우리는 아담의 불순종을 통해서는 아담의 유산을 물려받는 상속자의 위치를 피할 길이 없다. 그와 마찬가지로 우리가 예수 그리스도를 믿을 때 우리는 그분의 순종과 생명으로부터 결코 분리될 수 없다.

우리는 개인적인 소유뿐만 아니라 연합을 통해 그리스도의 순종을 누리게 된다. 우리는 보혈을 통해 기름 부으시는 그리스도의 사역을 받아들임으로써 아담 안에 있는 죽음의 유산을 그리스도 안에 있는 생명의 유산으로 교환하게 된다. 하나님이 값없이 우리에게 제공하시는 의로움을 마음껏 받아들일 때 이는 그로부터 생겨나는 순종, 거기에서 절대 분리될 수 없는 순종, 오직 그 안에서 살아가며 번창할 수 있는 순종을 우리에게 가르쳐준다.

로마서에서 이루어지는 논의

사도 바울은 자신의 서신 가운데 처음으로 로마서 6장 12~13절에서 이와 같은 연관성을 다루고 있다. 그리스도와 우리의 생명 넘치는 연합에 대해 언급한 이후에 "그러므로 너희는 죄가 너희 죽을 몸을 지배하지 못하게 하여 몸의 사욕에 순종하지 말고 또한 너희 지체를 불의의 무기로 죄에게 내주지 말고 오직 너희 자신을 죽은 자 가운데서 다시 살아난 자같이 하나님께 드리며 너희 지체를 의의 무기로 하나님께 드리라"고 로마교회에 명령한다.

그런 다음에는 재빨리 어떻게 이것이 다름 아닌 순종을 의미하는지 가르친다.

"너희 자신을 종으로 내주어 누구에게 순종하든지 그 순종함을 받는 자의 종이 되는 줄을 너희가 알지 못하느냐. 혹은 죄의 종으로 사망에 이르고 혹은 순종의 종으로 의에 이르느니라"(롬 6:16).

우리와 순종의 관계는 매우 실질적인 관계이다. 우리는 불순종(아담의 불순종과 우리 자신의 불순종)에서부터 완전히 벗어났으며 이제 우리는 의를 따르는 순종의 종이 되었다. 그리스도의 순종은 결과적으로 의를 가져왔으며 그 의는 우리에 대한 하나님의 선물이다.

우리가 순종에 종노릇 하는 것은 우리와 하나님의 관계를 비롯하여 그 의를 유지하는 유일한 방법이다. 의로 인도하는 그리스도의 순종은 단지 우리를 향한 생명의 시작일 뿐이다. 의로 인도하는 우리의 순종은 그 생명을 지속시키는 원동력이다. 우리가 하나님의 뜻을 따르는 것이야말로 그 생명을 지속하는 유일한 길이다.

오직 한 가지 법

머리와 지체 사이에는 오직 한 가지 법밖에 없다. 이 법에 따라 아담과 그 후손에게 확실히 불순종과 죽음이 초래되는 것과 마찬가지로 그리스도와 그 후손에게는 순종과 생명이 있다. 아담과 그 후손 사이를 하나로 묶어주는 연합, 서로 닮은 한 가지 공통적인 특징은 불순종이다. 하지만 그리스도와 그 후손 사이를 하나로 묶어주는 연합, 서로 닮은 한 가지 공통적인 특징은 순종이다.

오직 순종만이 그리스도를 하나님 아버지의 사랑을 받는 대상이 되게 했으며 그 결과로서 그리스도가 우리의 구속자가 되게 하셨다.

"내가 내 목숨을 버리는 것은 그것을 내가 다시 얻기 위함이니 이로 말미암아 아버지께서 나를 사랑하시느니라. 이를 내게서 빼앗는 자가 있는 것이 아니라 내가 스스로 버리노라. 나는 버릴 권세도 있고 다시 얻을 권세도 있으니 이 계명은 내 아버지에게서 받았노라 하시니라"(요 10:17-18).

오직 순종만이 그 사랑 안에 머물도록 우리를 인도할 수 있으며, 그와 같은 구속을 누릴 수 있도록 한다.

"나의 계명을 지키는 자라야 나를 사랑하는 자니 나를 사랑하는 자는 내 아버지께 사랑을 받을 것이요. 나도 그를 사랑하여 그에게 나를 나타내리라. …사람이 나를 사랑하면 내 말을 지키리니 내 아버지께서 그를 사랑하실 것이요. 우리가 그에게 가서 거처를 그와 함께하리라"(요 14:21,23).

모든 것은 순종에 대한 우리의 지식과 더불어 그 순종 가운데 얼마나 동참하느냐에 따라 달라진다. 순종은 하나님과 맺는 올바른 관계, 곧 의를 최대한 누릴 수 있는 관문이자 통로이다. 회심하는 순간 믿음으로 말미암아 단번에 완전하고도 영원한 의가 우리에게 허락된다. 비록 순종에 대한 지식이 거의 없거나 전혀 없더라도 우리는 의를 받는다.

그러나 이 그리스도인이 하나님의 은혜 안에 있다 믿으면서 하나님의 뜻에 순복하는 가운데 의의 종이 되기 위해 열심히 노력할 때야 비로소 하나님의 눈에 띄게 드러나는 이와 같은 성화의 결과로 말미암아 그 사람에게 축복이 부어질 것이다. 그리고 다시 그 의(義)의 기원인 하나님께 우리를 인도하게 될 것이다.

우리가 성령의 능력 안에서 그리스도의 의를 더욱 강력하고도 진실하게 붙잡을수록 그로부터 솟아나는 순종 안에서 함께 나누고 싶다는 우리의 소망이 점점 더 간절해질 수 있을 것이다. 이와 같은 조명을 통해 그리스도의 순종을 연구하여 우리가 결과적으로 의로움을 가져오는 순종의 종으로서 그리스도와 같은 삶을 살 수 있도록 해야 한다.

그리스도의 순종에 닮긴 몇 가지 원리

그리스도의 순종에 관해 다음과 같은 몇 가지 원리를 연구해보는 것은 하나님과 올바른 관계를 소망하는 순종의 종으로서 살아가도록 우리를 도와준다.

그리스도 안에서, 이와 같은 순종은 삶의 원리였다. 그리스도의 순종은 가끔 한 번의 순종 행위, 또는 일련의 순종 행위에 그치는 것이 아니라 전 생애를 사로잡고 있던 정신이었다. "내가 하늘에서 내려온 것은 내 뜻을 행하려 함이 아니요. 나를 보내신 이의 뜻을 행하려 함이니라"(요 6:38). "보시옵소서. 내가 하나님의 뜻을 행하러 왔나이다"(히 10:9). 그리스도께서는 단 한 가지 목적을 위해 이 세상에 오셨다. 곧 오직 하나님의 뜻을 성취하기 위해 이 세상에서 살아가셨다. 온통 그리스도의 삶을 다스린 유일한 최고의 힘은 순종이었다.

그리스도께서는 기꺼이 우리도 그와 같이 살아갈 수 있도록 만들어주기를 원하신다. 이게 바로 다음과 같이 말씀하시면서 우리에게 약속하신 것이다.

"누구든지 하늘에 계신 내 아버지의 뜻대로 하는 자가 내 형제요 자매요 어머니이니라 하시더라"(마 12:50).

가족 사이의 유대감은 온갖 가족과 유사한 관계에서 공유되는 공통적인 삶이다. 그리스도와 우리 사이의 유대는 그분과 우리가 함께 하나님의 뜻을 행하는 것이다.

그리스도 안에서, 이와 같은 순종은 기쁨이었다.

"나의 하나님이여 내가 주의 뜻 행하기를 즐기오니 주의 법이 나의 심중에 있나이다"(시 40:8).

"나의 양식은 나를 보내신 이의 뜻을 행하며 그의 일을 온전히 이루는 이것이니라"(요 4:34).

우리가 먹는 음식은 몸에 원기를 회복시키고 활력을 불어넣는다. 건강한 사람은 이와 같은 양식을 즐겁게 먹는다. 그러나 음식은 단순히 즐거움을 얻기 위해 먹는 것이라기보다는 생명을 유지하는 데 필요한 것이다.

그와 마찬가지로 하나님의 뜻을 행하는 것은 그리스도께서 갈망하셨던 음식이다. 하나님의 뜻을 행하지 않고서는 그리스도께서 계속 살아가실 수 없었다. 순종은 그분의 갈망을 만족시켜준 유일한 것이었으며 그분의 원기를 회복시키고 그분을 강하게 만들고 그분을 행복하게 만들어준 유일한 것이었다.

이것이 바로 다윗이 "여호와의 율법은 완전하여 영혼을 소성시키며… 여호와의 교훈은 정직하여 마음을 기쁘게 하고 여호와의 계명은 순결하여 눈을 밝게 하시도다. 여호와를 경외하는 도는 정결하여 영원까지 이르고… 금 곧 많은 순금보다 더 사모할 것이며 꿀과 송이꿀보다 더 달도다"(시 19:7-10)고 말한 참된 의미이다. 이 말씀이 이해되고 받아들여질 때 순종이 우리에게 훨씬 더 자연스러워지고 필요하게 된다. 이때야 비로소 순종은 일용할 양식보다 훨씬 더 많이 우리에게 생기를 북돋워 줄 것이다.

그리스도 안에서, 이와 같은 순종은 하나님이 그분의 뜻을 계시할 때까지 기다리도록 인도하였다. 하나님은 그리스도에게 단번에 그분의 뜻을 모두 계시하지는 않으셨지만 날마다 시시각각으로 변하는 상황에 맞게 그분의 뜻을 계시하셨다. 거기에 순종하는 삶을 통해 그리스도께는 성장과 진보가 있었지만 가장 어려운 교훈은 가장 마지막에 등장하였다.

각각의 순종 행위는 그리스도를 준비시켜 하나님 아버지의 다음 명령을 새롭게 발견할 수 있도록 도와주었다. 그래서 그리스도께서는 "주께서 내 귀를 통하여 내게 들려주시기를…. 나의 하나님이여 내가 주의 뜻 행하기를 즐기오니 주의 법이 나의 심중에 있나이다"(시 40:6,8)라고 말씀하셨다.

순종이 우리 삶을 붙잡고 있는 열정으로 바뀔 때 하나님의 성령이 우리 귀를 열어주셔서 그분의 가르침을 기다리게 할 것이다. 그러면 우리를 향한 하나님의 뜻으로 이끄시는 그분의 인도하심에 만족하게 될 것이다.

그리스도 안에서, 이와 같은 순종은 죽음으로 인도하였다. 예수 그리스도께서 "나는 나의 뜻대로 하려 하지 않고 나를 보내신 이의 뜻대로 하려 하므로"(요 5:30)라거나 "내가 하늘에서 내려온 것은 내 뜻을 행하려 함이 아니요. 나를 보내신 이의 뜻을 행하려 함이니라"(요 6:38)고 말씀하셨을 때 그분은 자기 뜻을 부인하고 하나님 아버지의 뜻을 행하기 위해서는 무슨 일이든 할 준비가 되어 있었다. 그리스도께서는 진심으로 그렇게 말씀하고 계셨다. 그 어떤 것에도 자기 뜻을 드러내지 않는 대신에 어떤 희생을 치르더라도 기필코 하나님의 뜻을 따르겠다는 것이었다.

이것은 그리스도께서 우리도 따르도록 초대하는 순종이며 그로 말미암아 우리에게 능력을 부여하시려는 순종이다. 모든 일에서 이처럼 순종에 온 마음을 다해 순복할 때 그것이야말로 유일한 참된 순종이며 우리가 순종의 삶을 살아낼 수 있도록 도와주는 유일한 힘이다. 오직 이와 같은 순종이야말로 하나님이 마땅히 요구하시는 순종이다. 오직 이와 같은 순종이야말로 그 영혼에 참된 기쁨과 능력을 부어줄 것이다.

순종에 대해 의구심을 품을 뿐만 아니라 제대로 순종하지 못할지도 모른다는 잠재적인 느낌이 도사리고 있다면 우리는 반드시 승리할 수 있다는 확신을 잃어버리게 될 것이다. 그러나 하나님이 전적인 순종을 요구하시는 동시에 그렇게 순종할 수 있도록 도와주시겠다고 약속하고 계신다는 사실을 깨달을 때 우리는 담대히 순종을 위해 노력하며 하나님께 전적인 순종보다 못한 것을 드리지는 않게 된다. 만약 우리가 하나님의 거룩하신 능력에 자기 자신을 완전히 내드린다면 성령은 우리 모든 삶의 주인이 되실 것이다.

그리스도 안에서, 이와 같은 순종은 가장 깊은 차원의 겸손으로부터 솟아났다.

"너희 안에 이 마음을 품으라. 곧 그리스도 예수의 마음이니 그는 근본 하나님의 본체시나 하나님과 동등됨을 취할 것으로 여기지 아니하시고 오히려 자기를 비워 종의 형체를 가지사 사람들과 같이 되셨고 사람의 모양으로 나타나사 자기를 낮추시고 죽기까지 복종하셨으니 곧 십자가에 죽으심이라"(빌 2:5-8).

그리스도께서 자신의 순종에 담긴 천국의 아름다움과 능력을 펼쳐놓으시는 대상은 자기를 완전히 비우고 기꺼이 순종의 종이 되어 그렇게 살아가야 한다. 그리고 기꺼이 하나님과 사람 앞에서 자신을 낮추어야 한다.

그런데 사람에게는 혹시나 은밀하게 자신을 신뢰하면서 억지로라도 순종하려 애쓰다가 실패할 수밖에 없는 강한 의지가 자리 잡고 있을 수도 있다. 우리가 하나님의 뜻에 대한 겸손, 온유함, 인내, 전적인 포기로 나아가면서 하나님 앞에 무릎 꿇을 때, 그리고 우리가 기꺼이 하나님을 의존하면서 완전히 자신으로부터 돌아서서 그분께 자신을 내맡길 때 하나님은 순종 가운데 누릴 수 있는 축복을 우리에게 마음껏 계시하실 것이다.

그리스도 안에서, 이와 같은 순종은 하나님의 능력을 전적으로 의존하는 가운데 믿음으로 말미암은 것이었다. 그리스도께서는 "나는 나의 뜻대로 하려 하지 않고 나를 보내신 이의 뜻대로 하려 하므로"(요 5:30), "내가 너희에게 이르는 말은 스스로 하는 것이 아니라 아버지께서 내 안에 계셔서 그의 일을 하시는 것이라"(요 14:10)고 말씀하셨다. 하나님 아버지의 뜻에 대한 아들의 거리낌 없고 조건 없는 순복은 아들 안에서 역사하시는 그분의 능력을 쉼 없이, 스스럼없이 부어주시는 하나님 아버지의 선물로 말미암아 가능해졌다.

하나님의 능력과 우리의 순종

그것은 심지어 우리에게도 마찬가지일 것이다. 만약 우리가 자신의 의지를 하나님께 굴복시키는 것이야말로 항상 그분이 우리에게 그분의 능력을 허락하시는 기준으로 작용한다는 사실을 깨닫는다면 우리는 전적인 순종에 자신을 내주는 것이야말로 오직 하나님이 우리 안에서 일하시게 만드는 온전한 믿음에 지나지 않는다는 사실을 알게 될 것이다.

새로운 언약에 대한 하나님의 약속도 이와 같은 성경 말씀에 기초를 두고 있다.

"네 하나님 여호와께서 네 마음과 네 자손의 마음에 할례를 베푸사 너로 마음을 다하며 뜻을 다하여 네 하나님 여호와를 사랑하게 하사 너로 생명을 얻게 하실 것이며… 너는 돌아와 다시 여호와의 말씀을 청종하고 내가 오늘 네게 명령하는 그 모든 명령을 행할 것이라. 네가 네 하나님 여호와의 말씀을 청종하여 이 율법책에 기록된 그의 명령과 규례를 지키고 네 마음을 다하며 뜻을

다하여 여호와 네 하나님께 돌아오면 네 하나님 여호와께서 네
손으로 하는 모든 일과 네 몸의 소생과 네 가축의 새끼와 네 토지
소산을 많게 하시고 네게 복을 주시되 곧 여호와께서 네 조상들
을 기뻐하신 것과 같이 너를 다시 기뻐하사 네게 복을 주시리라"
(신 30:6,8-9).
"또 새 영을 너희 속에 두고 새 마음을 너희에게 주되 너희 육신
에서 굳은 마음을 제거하고 부드러운 마음을 줄 것이며 또 내 영
을 너희 속에 두어 너희로 내 율례를 행하게 하리니 너희가 내 규
례를 지켜 행할지라"(겔 36:26-27).

그분의 독생자와 마찬가지로 하나님이 우리 안에서도 모든 일을
행하실 것이며 우리 역시 하나님께 아낌없는 순종을 스스로 드릴 만
한 용기, 심지어 목숨까지도 내드릴 만한 용기를 갖게 될 것임을 믿
자. 이처럼 하나님께 우리 자신을 내드린다면 하나님은 아들이 걸어
간 발자취를 따라가도록 우리를 인도하실 것이다. 바로 그 아들은
하나님 아버지의 능력을 의지하여 하나님 아버지의 뜻을 행하셨던
분이다. 자, 우리 자신을 온전히 하나님께 내드리도록 하자. 그러면
하나님이 우리 안에서 그분의 온전한 일을 행하실 것이다.
　당신은 예수 그리스도의 순종을 통해 의롭게 되었기 때문에 그분
처럼 살아가게 된다는 사실을 알고 있는가? 예수 그리스도 안에서
당신은 순종의 종이 되어 하나님의 본성에 점점 더 일치된 모습으로

자라가게 된다. 많은 사람이 순종의 뿌리와 생명력과 보증으로 삼는 것은 바로 예수 그리스도의 순종이다. 반드시 순종하는 분으로서 예수 그리스도를 바라보고 연구하고 믿기 바란다. 당신이 따라가야 할 분으로서 예수 그리스도를 찾고 받아들이고 사랑하기를 바란다.

그분의 의가 우리 소망인 것처럼 그분의 순종이 우리 인생을 위한 우리의 유일한 소망과 전형이 되게 하자. 예수님을 순종하는 분으로, 우리 안에 내주하시는 그리스도로 받아들임으로써 하나님의 초자연적인 능력 안에 있는 우리의 안전과 확신을 입증하자.

그가 아들이시면서도 받으신 고난으로 순종함을 배워서 온전하게
되셨은즉 자기에게 순종하는 모든 자에게 영원한 구원의 근원이 되
시고. 히브리서 5:8-9.

　　내가 믿기로, 참된 순종의 비밀은 하나님과 맺는 명확하고 친밀
한 인격적인 관계에 있다. 우리는 하나님과 영속적인 교제를 나누지
않고서는 결코 온전한 순종에 도달할 수 없다. 또한 하나님의 거룩
한 임재가 우리와 함께하시지 않는다면 우리는 절대 완전한 순종의
삶을 살 수 없다.

　　불완전한 순종은 언제나 무엇이 부족한 삶의 결과이다. 각종 논
쟁과 그릇된 동기로 우리 삶을 변호하는 것은 더 깊이 헌신 된 삶의

필요성을 절감하게 할 뿐이다. 그것은 완전히 하나님의 권능 아래 있는 삶이며, 거기에서는 순종이 자연스러워지는 삶이다. 불안전한 삶, 곧 하나님과 교제가 불규칙하거나 끊어진 삶은 온전하고 건강한 순종의 삶을 살도록 길을 열어주기 위해 반드시 치유되어야 한다. 그런 다음에야 완전한 순종이 가능해질 것이다. 그러므로 참된 순종의 비밀은 하나님과 친밀하고 지속적인 교제로 돌아가는 것이다.

그리스도께도 필요한 순종

그리스도께서도 순종을 배우셨다. 당신은 '왜 순종이 그리스도에게까지 필요할까?' '도대체 그리스도께서 순종을 통해 우리에게 무슨 축복을 가져다주신단 말인가?'라고 생각할 수 있을 것이다. 그리스도께서도 순종을 배우셔야 우리의 위대한 대제사장으로서 완전해지실 수 있었다. 성경 말씀은 설명하기를 그리스도께서 고난 겪으신 여러 가지 일을 통해 순종을 배우셨으며, 그리하여 그분께 순종하는 모든 사람에게 영원한 구원의 구원이 되셨다.

"그가 아들이시면서도 받으신 고난으로 순종함을 배워서 온전하게 되셨은즉 자기에게 순종하는 모든 자에게 영원한 구원의 근원이 되시고"(히 5:8-9).

고난은 우리에게 부자연스러운 것이기는 하지만 우리는 고난을 통해 의지를 복종하게 된다. 그리스도께서는 어떤 희생을 치르고서라도 하나님 아버지께 그분의 의지를 굴복시키기 위해 고난을 통해 배우셔야 했다. 그리하여 죽기까지 순종하게 되심으로써 그리스도께서는 우리 구원의 구원이 될 수 있으셨다.

우리가 구원을 얻게 하려면 그리스도께 순종이 필요했던 것과 마찬가지로 그리스도께서 허락하시는 구원을 전해 받기 위해서는 우리에게도 순종이 필요하다. 이 세상에서 고난을 겪으시는 동안이든 저 하늘에서 영광 가운데 계시는 동안이든 간에, 그분 스스로 계시든 우리 안에 계시든 간에 그리스도의 마음은 항상 순종에 고정되어 있었다. 구원의 본질은 하나님에 대한 순종이다. 순종하는 분으로서 그리스도께서는 우리가 그분께 순종할 때 우리를 구원하신다.

이 세상에서 그리스도께서는 순종의 학교에서 배우는 학생이셨지만 저 하늘에서 그리스도께서는 이 세상에 있는 그분의 제자들에게 순종을 가르치신다. 불순종이 다스리고 그 결과 죽을 수밖에 없는 이 세상에서 순종을 회복시키는 것은 그리스도의 손에 달려 있다. 그리스도께서는 자신의 삶에서나 우리 삶 속에서 순종을 유지하는 책임을 떠맡으셨다. 그래서 우리에게 순종을 가르치시고 우리가 순종하도록 일하신다.

그리스도께서 무엇을 어떻게 가르치시는지 곰곰이 생각해보라. 그분의 순종학교에서 학생이 되기 위해 우리는 얼마나 많이 자신을 내드리고 있는가? 보통 학교를 생각할 때 가장 중요한 3가지 요소는 선생님, 교과서, 학생이다. 그러므로 그리스도의 순종학교라는 맥락에서 이와 같은 요소를 한번 살펴보자. 그것은 아마도 우리가 순종을 배우는 일에 자신을 얼마나 적게 헌신해 왔는지 정확히 보게 할 것이다.

참된 선생이신 예수 그리스도

그리스도께서도 순종을 배우셨다. 이제 그리스도께서는 하나님 아버지에 대한 자신의 순종에 내재된 비밀을 펼쳐 보임으로써 우리를 가르치신다. 나는 참된 순종의 능력을 하나님과 맺는 명확한 인격적인 관계 속에서 발견할 수 있다고 말해왔다. 그것은 예수 그리스도와도 마찬가지다. 그리스도께서 가르치신 것 가운데 이런 말씀이 있다.

"내가 내 자의로 말한 것이 아니요. 나를 보내신 아버지께서 내가 말할 것과 이를 것을 친히 명령하여 주셨으니 나는 그의 명령이 영생인줄 아노라. 그러므로 내가 이르는 것은 내 아버지께서 내게 말씀하신 그대로니라"(요 12:49-50).

이것은 세상으로 들어가도록 그리스도에게 내리시는 하나님 아버지의 위임명령 가운데 일부로서 그리스도께서 영원히 단번에 하나님의 모든 명령을 받았다는 뜻은 아니다. 그것은 날마다, 그리스도께서 가르치고 일하시는 순간마다 그분은 인간으로서 하나님과 지속해서 의사소통하는 가운데 살아가면서 필요할 때마다 아버지의 지시를 계속 받았다는 뜻이다.

예수 그리스도께서는 심지어 이렇게 말씀하시지 않았던가!

"아들이 아버지께서 하시는 일을 보지 않고는 아무것도 스스로 할 수 없나니 아버지께서 행하시는 그것을 아들도 그와 같이 행하느니라. 아버지께서 아들을 사랑하사 자기가 행하시는 것을 다 아들에게 보이시고 또 그보다 더 큰 일을 보이사 너희로 놀랍게 여기게 하시리라. …아버지께서 아무도 심판하지 아니하시고 심판을 다 아들에게 맡기셨으니 이는 모든 사람으로 아버지를 공경하는 것같이 아들을 공경하게 하려 하심이라. 아들을 공경하지 아니하는 자는 그를 보내신 아버지도 공경하지 아니하느니라. …내가 아무것도 스스로 할 수 없노라. 듣는 대로 심판하노니 나는 나의 뜻대로 하려 하지 않고 나를 보내신 이의 뜻대로 하려 하므로 내 심판은 의로우니라. …만일 내가 판단하여도 내 판단이 참되니 이는 내가 혼자 있는 것이 아니요. 나를 보내신 이가 나와 함께 계심이라. …내가 아버지 안에 거하고 아버지는 내 안에 계신 것을 네가 믿지 아니하느냐. 내가 너희에게 이르는 말은 스스로 하는 것이 아니라 아버지께서 내 안에 계셔서 그의 일을 하시는 것이라"(요 5:19-20,22-23,30, 8:16, 14:10).

그러니까 심지어 그리스도께서 하신 말씀조차도 자기 마음대로 하는 게 아니라 자기를 보내신 아버지의 뜻대로 하신 것이다. 순종이란 매 순간 하나님과 교제를 나누는 가운데 하나님의 운행하심을 끊임없이 의지하면서 하나님이 말씀하시고 행하시고 보여주신 그대로 듣고 보는 것이다.

우리 주님은 항상 그분과 우리의 관계뿐만 아니라 그분을 통한 하나님 아버지와 우리의 관계에 평행하게 대조를 이루는 것으로써 하나님 아버지와 그분의 관계에 대해 말씀하셨다. 이처럼 평행하게 대조를 이루는 관계는 또한 그와 같은 약속을 전해주었다. 이 세상에서 하나님 아버지와 맺는 관계에서 그리스도의 처지처럼 우리도 그와 마찬가지다. 곧 우리에게 지속적인 순종의 삶은 아들과 지속적인 교제를 나누면서 계속 가르침을 받지 않고서는 불가능하다.

우리는 하나님의 권능을 믿으면서 우리 삶 속으로 그분을 받아들여야 한다. 우리는 예수님이 믿었던 것과 마찬가지 방식으로 하나님의 존재가 영원하다는 사실을 믿어야 한다. 오직 그럴 때라야 우리는 모든 생각을 사로잡아 그리스도께 순종할 수 있다.

"하나님 아는 것을 대적하여 높아진 것을 다 무너뜨리고 모든 생각을 사로잡아 그리스도에게 복종하게 하니"(고후 10:5).

하나님으로부터 지속해서 명령과 지시를 받아야 할 절대적인 필요성은 예레미야서에서 "오직 내가 이것을 그들에게 명령하여 이르기를 너희는 내 목소리를 들으라. 그리하면 나는 너희 하나님이 되겠고 너희는 내 백성이 되리라. 너희는 내가 명령한 모든 길로 걸어가라"(렘 7:23)고 선포하실 때 내포된 의미이다. "계명에 순종하라"는 표현은 성경에서 거의 사용되지 않는다. 오히려 하나님은 대개 "나에게 순종하라"거나 "내 음성을 듣고 순종하라"고 말씀하신다.

아무리 군사령관이자 학교 선생님이며 한 가정의 가장이라 하더라도 단순히 어떤 규율이나 보상이나 위협으로는 순종을 얻어내지 못한다. 순종을 얻을 수 있는 것은 지시를 내리는 사람의 인격적이고 살아 있는 영향력, 깨어 있는 사랑과 열정이다. 우리에게 참된 순종의 기쁨과 능력을 제공하는 것은 하나님 아버지의 음성을 듣는 데서 비롯된다. 하나님의 음성은 말씀에 순종하는 힘을 부여한다. 하나님의 살아 있는 생생한 음성을 듣지 못하게 하는 말씀은 우리에게 아무런 유익을 가져다주지 못한다.

이와 같은 원리를 성경에서는 이스라엘 백성을 통해서 볼 수 있는 것과 명확하게 대비시키고 있다. 이스라엘 백성은 시내산에서 하나님의 음성을 듣고 두려워했다. 그들은 모세에게 요청하여 이제 더는 하나님이 자신들에게 직접 말씀하시지 않도록 하였다. 이스라엘 백성은 자신들을 대신하여 모세가 하나님의 말씀을 받아서 전달해 주기를 원했다. 그들은 오직 명령에 대해서만 생각했다. 그들은 순종하는 힘이 우리에게 말씀하시는 하나님의 임재와 음성 안에 있다는 사실을 몰랐다. 그리하여 그들은 하나님과 직접 접촉하기를 두려워했기에 오직 모세와 돌판만이 자신들에게 말하도록 함으로써 이스라엘 역사를 불순종의 역사로 얼룩지게 했다.

오늘날에도 그리스도인들은 이와 같은 실수를 흔히 저지른다. 수많은 그리스도인이 직접 하나님을 섬기기보다, 직접 하나님으로부터 가르침을 받기보다 경건한 사람들에게 가르침을 얻기가 훨씬 더 쉽다고 생각한다. 그들의 믿음은 하나님의 권능이 아니라 인간의 지혜에 기초해 있다(고전 2:5 참고).

그러므로 우리는 매 순간 하나님 아버지께서 가르치셨던 것을 정확히 바라보고 듣기 위해 기다림으로써 순종을 배웠던 우리 주님의 커다란 교훈을 배워야 한다. 곧 우리가 하나님이 요구하시는 순종을 올려드리기 위해 시도할 수 있는 것은 오직 주님처럼, 주님과 더불어, 주님 안에서, 주님을 통해 우리가 하나님과 지속해서 동행할 수 있으며, 계속해서 하나님의 음성을 들을 수 있을 때이다.

그리스도께서는 그분의 삶과 경험을 통한 경륜의 깊이로부터 우리에게 순종을 허락하실 수 있을 뿐만 아니라 가르치실 수도 있다. 그리스도께 필요했던 것과 같은 능력을 제대로 갖추지 않은 채 순종하려고 시도하는 모든 것이 얼마나 어리석고 무익한지를 깨달아야 한다. 그리고 하나님 아버지의 끊임없는 임재에 대해 그리스도와 같은 기쁨을 누리기 위해 기꺼이 모든 것을 포기하게 해달라고 하나님께 기도해야 한다.

유일한 교과서, 성경

그리스도께서 하나님 아버지와 직접 소통하신다 해도 그분께도 역시 말씀이 필요했다. 하나님의 순종학교에서는 그리스도를 위해서든 하나님의 어린 자녀들을 위해서든 오직 한 가지 교재가 있다. 그리스도께서 순종을 배우실 때 그분은 우리에게 있는 것과 같은 교재를 사용하셨다. 그리고 그리스도께서는 다른 사람을 가르치거나 다른 사람에게 확신을 심어줄 때뿐만 아니라 자신의 영성생활과 인도하심을 받아야 할 때도 그 말씀이 필요했으며 그 말씀을 사용하셨다.

자신의 공생애를 시작하는 순간부터 마치는 순간까지 그리스도께서는 하나님 말씀에 따라 살아가셨다. "성경에 기록하기를"이라는 말씀은 그리스도께서 사탄을 이기신 성령의 검이었다(마 4:4, 7, 10). "주의 성령이 내게 임하셨으니 이는 가난한 자에게 복음을 전하게 하시려고 내게 기름을 부으시고 나를 보내사 포로 된 자에게 자유를 눈 먼 자에게 다시 보게 함을 전파하며 눌린 자를 자유롭게 하고 주의 은혜의 해를 전파하게 하려 하심이라"(눅 4:18-19). 이 말씀은 그리스도께서 복음을 전하실 때 자각시켜준 말씀이었다.

"성경을 응하게 함이니이다"(요 17:12)라는 비전은 그리스도께서 모든 고난을 순순히 받아들인, 심지어 죽음에라도 묵묵히 자신을 내주셨던 빛이었다. 부활 이후에도 그리스도께서는 자신에 관한 일을 제자들에게 상세히 설명하면서 성경을 사용하셨다. "이에 모세와 모든 선지자의 글로 시작하여 모든 성경에 쓴 바 자기에 관한 것을 자세히 설명하시니라"(눅 24:27). 그리스도께서는 자신을 위해 정해진 하나님의 계획과 길을 성경에서 찾아내셨다. 그리스도께서는 이 계획이 성취되도록 자신을 내주셨다. 친히 하나님의 말씀을 사용하시면서 지속적이고 직접적인 하나님 아버지의 가르침을 받으셨다.

하나님의 순종학교에서 성경은 유일한 교과서이다. 이와 같은 사실은 우리가 어떤 태도로 성경에 다가가야 하는지 알려준다. 우리는 단지 자신에 대한 하나님의 뜻을 찾아내려는 단순한 소망을 가지고 성경에 다가가야 하며 실제로도 그렇게 해야 한다.

성경은 우리의 지식을 늘이기 위해서가 아니라 우리 행동을 인도하기 위해 기록되었기 때문에 하나님의 백성으로 우리가 온전해져서 모든 선한 일을 행할 만한 능력을 두루 갖출 수 있게 된다(딤후 3:17 참조).

"사람이 하나님의 뜻을 행하려 하면 이 교훈이 하나님께로부터 왔는지 내가 스스로 말함인지 알리라"(요 7:17).

그러므로 우리는 성경에 있는 모든 것을 하나님의 계시로 여기셨던 예수 그리스도께 배워야 한다. 그리스도의 사랑과 권고는 하나님의 거대한 목적을 이루도록 도와준다. 곧 하나님의 백성이 하늘에서 하나님의 뜻이 이루어진 것처럼 이 땅에서도 그분의 뜻을 행하도록 준비시키는 것이다. 그리스도께서는 사람에게서 온전한 순종과 축복이 회복되기를 원하신다. 하나님, 그분의 사랑, 그분의 권고에 대한 성경의 계시는 그와 같은 하나님의 주목적에는 부차적이다.

하나님의 순종학교에서 성경은 유일한 교과서다. 자신의 삶과 행위에서 하나님의 말씀을 적용하기 위해, 각각 특정한 말씀을 언제 적용할 수 있는지를 알아내기 위해 그리스도께서는 하나님의 가르침이 필요했으며, 그리하여 시시때때로 가르침을 받으셨다. 이사야서를 통해 그리스도께서는 이렇게 말씀하셨다.

"주 여호와께서 학자들의 혀를 내게 주사 나로 곤고한 자를 말로 어떻게 도와줄 줄을 알게 하시고 아침마다 깨우치시되 나의 귀를 깨우치사 학자들같이 알아듣게 하시도다. 주 여호와께서 나의 귀를 여셨으므로 내가 거역하지도 아니하며 뒤로 물러가지도 아니하며"(사 50:4-5).

그리스도께서는 말씀의 신성한 해설자로서 우리에게 성령을 허락하심으로써 우리를 가르치신다. 이것은 우리 안에 내주하시는 성령의 커다란 사역이다. 우리가 말씀을 읽을 때 성령이 우리 마음속에 씨앗을 뿌리신다. 성령은 우리에게 말씀을 생각하도록 지도하신다. 그 말씀이 우리의 의지, 사랑, 전 존재에 효과적으로 역사한다. 우리가 이것을 제대로 이해하지 못할 때 그 말씀은 우리가 순종의 삶을 살 수 있을 만큼 충분한 능력을 발휘하지 못한다.

이에 관해 아주 솔직히 말해보자. 우리는 성경 연구에 대한 훨씬 증가된 관심, 그런 식으로 일깨워진 관심에 대한 간증, 그로 말미암아 받는 여러 가지 혜택을 기뻐한다. 그러나 자신을 속이지는 말자. 우리가 스스로 성경을 연구하면서 기뻐할 수는 있을 것이다. 그러는 가운데 성경을 바라보는 여러 가지 관점에 감탄하면서 매력을 느낄 수도 있을 것이다. 그 과정에서 제시되는 여러 가지 생각이 깊은 인상을 심어줄 수도 있을 것이며, 가장 유쾌한 신앙심을 일깨울 수도 있을 것이다.

그러나 막상 어떤 섬김이나 고난을 위해 우리를 거룩하고 겸손하게, 그리고 사랑하며 인내할 수 있도록 준비시키는 구체적인 영향력은 아주 적다. 그것은 우리가 성경을 살아계신 하나님의 말씀으로 받아들이지 않기 때문이다. 말씀의 거룩한 능력이 우리에게 드러나게 하려면 친히 말씀하셔야 하는 분은 하나님이시다.

우리가 아무리 열심히 말씀을 연구하고 그 말씀을 기뻐한다고 하더라도 말씀의 문자 자체에는 아무런 구원의 능력이나 성화시키는 능력이 없다. 아무리 열심히 노력한다고 할지라도 인간의 지혜와 의지는 그와 같은 능력을 내놓거나 명령을 내릴 수 없다. 성령은 하나님의 전능하신 능력이다. 우리에게 명령된 바로 그것을 순종할 수 있도록 진정으로 힘을 실어주는 것은 오직 "하늘로부터 보내신 성령을 힘입어 복음을 전하는"(벧전 1:12) 사람이나 거룩한 책을 통해 복음이 우리에게 전파될 때 성령이 우리를 가르치시는 바로 그때이다.

사람에게는 능력이 부족하므로 알고 행하고 뜻을 품고 실행하는 것이 서로 다르고, 심지어 서로 정반대의 견해를 취하기도 한다. 그러나 성령 안에서는 절대 그런 일이 일어날 수 없다. 성령은 하나님의 빛이신 동시에 하나님의 전능하심이다. 성령의 모든 존재와 행하시는 것과 베푸시는 것은 전부 하나님의 빛과 능력을 포함하고 있다. 성령이 우리에게 하나님의 명령을 보여주실 때 항상 충분히 순종할 만하고 확실한 것을 우리에게 보여주신다. 성령은 얼마든지 베푸실 수 있는 것으로써 우리를 위해 예비된 거룩한 삶과 선물을 우리에게 보여주신다.

우리는 그리스도께서도 그러셨던 것처럼 하나님께 순종하도록 우리를 진정으로 가르칠 수 있는 것은 오직 성령을 통해 그분이 우리 마음속에서 말씀을 이해하고 받아들이도록 가르치실 때만 가능하다고 믿어야 한다. 성경을 펼칠 때마다 우리가 거룩한 성령의 영감을 받은 말씀을 확실히 경청하는 만큼 하나님도 믿음의 기도와 끈기 있는 기다림에 응답하시면서 우리 마음속에 살아 있는 성령의 운행하심을 허락하신다는 사실을 믿어야 한다.

그러므로 모든 성경 공부가 믿음 안에서 이루어지도록 해야 한다. 단순히 우리가 읽는 진리나 약속을 억지로 믿으려고 애쓸 필요는 없다. 그렇게 되면 우리 믿음이 자기 힘을 의지하게 될 수도 있기 때문이다. 성령을 믿고 성령의 내주하심을 믿고 성령을 통해 우리 안에서 일하시는 하나님의 역사하심을 믿으라. 성령이 우리에게 하나님의 말씀을 사랑하고 순복하고 지키게 할 수 있다는 잔잔한 믿음을 가지고 온 마음을 다해 말씀을 받아들이라. 그러면 우리의 복되신 주 예수 그리스도께서는 "이에 모세와 모든 선지자의 글로 시작하여 모든 성경에 쓴 바 자기에 관한 것을 자세히 설명"(눅 24:27)하실 때 그분께 의미하셨던 것이 우리에게도 같은 의미로 다가오도록 만들어주실 것이다. 그러면 비로소 모든 성경은 하나님이 우리를 위해, 우리 안에서, 우리를 통해 행하려고 의도하시는 것에 대한 단순한 계시로 변할 것이다.

선생님께 전적으로 순종하는 학생

지금까지 우리는 주님이 순종을 배우신 비밀을 펼쳐놓으심으로써 어떻게 우리에게 순종을 가르치시는지 살펴보았다. 주님은 끊임없이 하나님 아버지를 의존하시는 모습을 우리에게 보여주셨다. 우리는 지금까지 주님이 성경을 사용하신 것처럼 하나님이 우리에게 명하신 것에 대한 거룩한 계시로서 거룩한 책인 성경을 사용하는 법을 어떻게 가르시는지를 살펴보았다.

우리 주님은 우리 안에서 성경 말씀을 상세히 설명하시고 그 말씀을 강력히 실행하도록 성령을 허락하셨다. 만약 우리를 순종학교의 학생이라고 생각한다면 우리는 하나님의 아들이신 예수 그리스도께서 우리 안에서 효과적으로 그분의 일을 행하기 위해 요구하시는 것들을 훨씬 더 잘 이해하게 될 것이다.

신실한 학생에게는 신뢰할 만한 선생님에 대한 태도를 결정하는 몇 가지 요소가 있다. 그 학생은 선생님의 지도에 완전히 자기 자신을 순복시킨다. 그 학생은 선생님을 완벽하게 신뢰한다. 그 학생은 선생님이 요구하시는 대로 많은 시간과 관심을 선생님께 쏟는다.

예수 그리스도께 이 모든 것에 관한 권리가 있다는 사실을 알고 동의할 때 우리는 주님과 같은 순종을 우리가 배우고 얼마든지 경험하리라고 소망할 수 있다. 이에 대해 위대한 음악가와 화가들은 이렇게 말한다. "좋은 학생은 온 마음을 다해 주저 없이 자기 스승에게 순복한다. 그 학생은 음계를 연습하거나 색깔을 조합하는 과정에서, 여러 가지 예술적인 요소들을 점진적으로 끈기 있게 공부하는 과정에서 자기 선생님께 단순하고 완전하게 순종하는 것이 가장 현명한 일이라는 사실을 알게 된다."

그리스도께서 요구하시는 것도 바로 그분의 인도하심에 대한 전폭적인 순복, 그분의 권위에 대한 조건 없는 복종이다. 우리가 모든 것에서 하나님께 순종하는 법을 가르쳐달라고 겸손히 그리스도께 요청할 때 그분은 우리에게 대가를 지불할 준비가 되어 있는지 물으신다. 그 대가란 전적으로, 그리고 완전히 자신을 부인하는 것이다! 그것은 심지어 죽기까지 우리 의지와 우리 삶을 포기하는 것이다! 그것은 그리스도께서 무엇을 말씀하시든지 그대로 행할 준비가 되어 있는 상태이다!

무슨 일을 할 수 있는 법을 배우는 유일한 길은 실제로 그것을 해 보는 것이다. 그리스도로부터 순종을 배우는 유일한 길은 우리 의지를 포기하고 그분의 뜻을 행하는 것을 우리 마음의 소원과 기쁨으로 삼는 것이다. 만약 우리가 그리스도의 학교에서 이와 같은 수업에 들어가려고 할 때 절대적인 순종을 서약하지 않는다면 어떤 실질적인 진전을 이루어내기란 사실상 불가능하다.

위대한 스승의 진정한 학생은 자기 스승을 조건 없이 신뢰하기 때문에 이와 같은 흔들리지 않는 순종을 스승에게 아주 쉽게 보여준다. 그 학생은 더 높은 권위를 통해 인도받기 위해 자신의 지혜와 의지를 기쁜 마음으로 희생한다.

우리에게는 주 예수 그리스도에 대한 이와 같은 확신이 필요하다. 예수님은 순종을 배워서 우리에게 순종을 가르치실 수 있게 하려고 하늘에서 이 땅으로 내려오셨다. 예수 그리스도의 순종은 우리 과거의 빚이 지불되고 우리 현재의 순종을 위한 은혜가 베풀어지는 보고(寶庫)이다. 예수님의 거룩한 사랑과 완전한 인간적인 연민 속에서, 우리 마음과 삶에 대한 예수님의 거룩한 능력 속에서 그리스도께서는 우리를 초대하시고, 우리의 신뢰를 받을만하시며, 결국에는 우리의 신뢰를 얻어내신다.

예수님은 그분에 대한 우리의 애정과 찬양을 통해 우리를 만지신다. 예수님의 거룩한 사랑의 능력을 통해 그분의 성령은 우리 안에서 넘치는 사랑의 반응을 일깨우신다. 그런 다음에 예수님은 우리에게 확신을 불어넣으시며 참된 성공의 비밀을 알려주신다.

우리의 불순종에 대해 속죄하시는 구세주로서 예수님을 절대적으로 신뢰하는 만큼 우리는 우리를 인도하시는 선생님으로서 예수님을 신뢰할 수 있다. 그리스도께서는 우리의 선지자이자 선생님이시다. 선생님이신 그분의 능력과 성공을 열성적으로 믿는 마음은 그와 같은 믿음의 기쁨을 통해 쉽게 하나님께 순종하게 된다. 우리에게 참된 순종의 열쇠가 되는 것은 바로 온종일 우리와 함께하시는 그리스도의 임재이다. 학생은 자기 스승이 요청하는 대로 얼마든지 많은 참여와 관심을 그 스승에게 보인다. 그 반응에 따라 스승은 개인적인 교제와 가르침에 얼마나 많은 시간을 보내야 할지 결정한다.

하나님에 대한 순종은 천상의 예술이다. 우리 인간의 본성은 거기에 너무나 철저히 생소하다. 우리는 왜 순종이 항상 그다지 쉽게 찾아오지 않는지에 대해 의아해하지 말아야 한다. 왜냐하면 하나님의 아들도 순종에 관해 배웠던 것은 아주 느리고 오랜 길을 걸어야 했기 때문이다. 또한 다른 대다수의 성도가 기도, 묵상, 그리고 의존적인 자기희생에 자신을 내줄 준비가 되어 있는 것보다 왜 우리 자신이 훨씬 더 많은 시간을 보내야 하는지 의아하게 여기지도 말아야 한다.

예수 그리스도 안에서 천상의 순종은 다시금 인간적인 것으로 변화되었다. 순종은 우리의 생존권이자 생명의 호흡으로 변화되었다. 그러므로 우리는 주님께 바짝 달라붙어 있어야 한다. 우리 주님의 내주하시는 임재를 믿고 요청해야 한다. 우리 구세주로서 순종을 배우셨을 뿐만 아니라 우리 스승으로서 순종을 가르쳐주시는 예수 그리스도와 더불어 순종의 삶을 살아야 한다. 그리스도의 순종은 우리의 구원이다.

우리는 하나님께 기도하면서 어떻게 그리스도와 그분의 순종이 우리 일상생활의 일부가 될 수 있는지 보여달라고 요청해야 한다. 그런 다음에 우리는 그리스도께 자신의 모든 마음과 시간을 내드리는 생도로 변화시켜달라고 간청해야 한다. 그러면 그리스도께서 우리가 그분의 계명을 지키고 그분의 사랑 안에서 살 수 있도록 가르쳐주실 것이다. 마치 그리스도께서 하나님 아버지의 계명을 지키고 그분의 사랑 안에서 살아가시는 것처럼 말이다.

제사하는 처음 익은 곡식 가루가 거룩한즉 떡덩이도 그러하고 뿌리가 거룩한즉 가지도 그러하니라. 로마서 11:16.

거룩한 안식일, 곧 한 주간의 첫날은 하나님의 놀라운 축복의 날이다. 그날은 단지 우리가 따분한 일상생활에서 안식하면서 영적으로 재충전하는 날이 아니라 한 주간을 시작하는 거룩한 날로서 전체 주간을 거룩하게 성별할 수 있게 만든다. 그날은 우리를 도와 그 주간과 우리 일상에서 벌어지는 일이 하나님의 거룩하신 임재 가운데로 들어갈 수 있도록 준비시킨다. 첫 열매를 거룩하게 만듦으로써 전체 덩어리도 거룩하게 된다. 뿌리를 거룩하게 만듦으로써 전체 가지 역시 거룩해지게 된다.

구약성경에는 새벽 시간에 기도한 결과, 온종일 당하는 시험을 이길 만한 힘을 제공하시는 하나님의 수많은 유형과 본보기로 가득하다. 그와 같은 새벽 시간에 형성된 말할 수 없을 만큼 은혜로운 유대감은 하나님과 우리를 하나로 연합시켜 단단하게 묶어준다. 그 결과 온갖 분주한 일과 다양한 부류의 사람으로 인해 우리가 거의 하나님을 생각할 수 없을 때조차도 우리 영혼을 안전하고 순결하게 지켜낼 수 있게 만든다.

그 영혼은 은밀히 예배를 드리는 동안 하나님의 보호하심에 너무나 완벽하게 자신을 내드릴 수 있기에 각종 유혹은 오히려 하나님과 그 영혼을 더욱 친밀하게 묶어줄 수 있을 뿐이다. 새벽기도가 예수님에 대한 우리의 순종과 믿음을 갱신시키고 강화시킬 수 있다는 사실이 얼마나 놀라운 찬양과 기쁨의 원천이 된단 말인가! 순종의 삶은 신선한 활력을 불어넣어 계속해서 힘을 얻고 더 얻어 나아갈 수 있게 한다. "그들은 힘을 얻고 더 얻어 나아가 시온에서 하나님 앞에 각기 나타나리이다"(시 84:7).

순종과 새벽기도 사이의 결합은 본질적이고 지극히 중대하다. 완전한 순종의 삶에 대한 갈망은 새벽기도에 대한 새로운 의미와 가치를 부여할 것이다. 왜냐하면 새벽기도 자체만으로도 날마다 우리에게 필요한 새로운 힘과 용기를 제공하기 때문이다.

"아침에 나로 하여금 주의 인자한 말씀을 듣게 하소서. 내가 주를 의뢰함이니이다. 내가 다닐 길을 알게 하소서. 내가 내 영혼을 주께 드림이니이다"(시 143:8).

만약 우리가 자신의 신앙생활에서 단지 의무이자 필요한 부분으로써만 기도를 바라본다면 그것은 머지않아 짐이 될 것이다. 또한 우리가 자신의 행복과 안전만을 생각하고 기도한다면 기도가 그다지 매력적이지 않게 될 것이다. 오직 한 가지만이 지속해서 하나님과 교제하도록 우리를 신실하게 만든다. 그것은 다름 아닌 하나님과 교제를 나누고 싶다는 진실한 갈망이다.

이것이 바로 하나님이 우리를 그분의 형상을 따라 지으신 이유다. 그분의 형상을 따라 살아가는 것만이 여기에서나 천국에서나 우리에게 진실하고 축복된 삶을 살아가도록 준비시킬 수 있다. 하나님은 우리를 초대하여 그분의 은밀한 골방으로 들어가 그분을 더욱 잘 알 수 있도록, 그분과 더불어 사랑과 능력의 소통이 가능하도록 우리 삶이 그분으로 충만해지게 하신다.

우리의 영성생활이 시험받고 강화되는 것은 바로 은밀한 새벽기도를 통해서다. 그와 같은 기도는 우리가 하나님께 절대적인 순종을 드릴지 말지 결정하는 전장(戰場)이다. 만약 우리가 진정으로 그 전장을 정복하여 우리 자신을 전능하신 주님의 손에 날마다 내드린다면 그날의 승리는 언제나 확실하다. 우리가 진정으로 하나님을 기뻐하는지, 온 마음을 다해 하나님을 사랑하는지를 증명하는 곳이 바로 이 은밀한 골방이다.

여기서 우리가 기억해야 할 첫 번째 교훈은 하나님의 임재가 새벽기도 시간에서 가장 중요한 부분이 되어야 한다는 점이다. 새벽기도 시간 이면에 숨어 있는 목적이 하나님의 축복을 발견하는 것임을 배울 때 우리는 그 시간을 갈망하면서 새벽기도 중에 기뻐하는 법을 배우게 될 것이다. 우리는 하나님을 만나는 시간을 소중히 여기는 가운데 하나님 뜻에 자신을 내드리고 우리가 하나님을 기쁘게 해드린다는 사실을 알게 되고 하나님이 우리에게 안수하시면서 우리를 축복하시고 우리에게 지시를 내리시도록 해야 한다. 그러면 하나님은 "너는 가서 이 너의 힘으로 이스라엘을 미디안의 손에서 구원하라. 내가 너를 보낸 것이 아니냐"(삿 6:14)라고 말씀하실 것이다.

듣고 깨닫고 순종하기 위한 성경 읽기

성경 읽기는 새벽기도 시간 가운데 일부를 차지한다. 이 새벽기도에 관해 특별히 언급하고 싶은 몇 가지가 있다. 만약 우리가 세심하게 주의를 기울이지 않는다면 우리에게 하나님을 가르쳐주어야 할 말씀이 사실상 훼방을 놓아 우리에게서 하나님을 숨길 수도 있다.

우리의 사고영역에서는 무엇인가를 발견하는 데만 관심을 두고 그것만을 기뻐할 수도 있을 것이다. 그러나 이것은 단지 머리에 든 지식에 지나지 않기 때문에 우리에게 그다지 영적인 유익을 가져다주지 못할 수도 있다. 만약 성경 읽기가 궁극적으로 하나님을 의지하고 하나님께 영광을 돌리며 우리 삶을 유쾌하고 거룩하게 만들기 위한 하나님의 은혜와 권능을 받도록 이끌지 못한다면, 그와 같은 성경 읽기는 우리의 영성생활에 오히려 방해만 될 것이다.

아무리 자주 되풀이하거나 아무리 간절하게 주장하더라도 지나치지 않은 또 다른 교훈은 우리가 하나님 말씀에 대한 참된 의미에 도달할 수 있는 것은 오직 성령의 가르침을 통해서일 뿐이라는 점이다. 오직 성령을 통해서만 그 말씀이 우리 내면으로 꿰뚫고 들어올 것이며 우리 안에서 진정으로 역사하게 될 것이다.

거룩한 신비와 메시지를 담은 말씀을 하늘에서 내려주시는 우리 하나님 아버지께서는 그 말씀을 해석하여 적절히 활용할 수 있도록 우리 안에 성령을 보내주신다. 하나님 아버지께서는 매 순간 성령을 통해 우리에게 가르침을 주기 원하신다. 하나님은 우리에게 가르침을 받을 만한 생각의 틀 속으로 들어가서 성령이 하나님의 말씀을 살아 있게 하시며 우리 안에서 역사하도록 하신다고 믿기를 바라신다. 하나님은 우리에게 성령을 허락하셔서 결과적으로 우리가 성령의 인도하심을 받고 성령을 따라 걸어가며 우리 모든 삶을 성령의 다스림 아래 두게 하셨다는 사실을 기억하길 바라신다.

그러므로 만약 우리가 정직하게 성령의 인도하심에 자신을 내드리지 않는다면 성령은 새벽 시간에 우리를 가르치실 수 없을 것이다. 그러나 만약 우리가 그렇게 자신을 내드리면서 끈기 있게 성령을 기다리는 가운데 그분을 섬긴다면, 여러 가지 새로운 사상을 받아들이는 것이 아니라 우리 마음속에 말씀의 능력을 받아들인다면 우리는 성령의 가르침을 충분히 헤아릴 수 있게 될 것이다.

그렇기에 우리의 은밀한 골방이 교실이 되게 해야 한다. 우리의 새벽기도 시간이 공부시간이 되게 하여 바로 이때 성령의 가르침에 전적으로 의존하고 순복하는 관계를 증명하도록 해야 한다. 또한 항상 조건 없는 순복의 정신으로 순종하기 위해 하나님 말씀을 연구해야 한다. 우리는 그리스도께서, 그리고 사도들이 하나님의 말씀을 듣고서도 행하지 않는 것에 대해 얼마나 자주 언급하셨는지 잘 알고 있다. 만약 우리가 순종하겠다는 간절한 마음과 아주 명확한 목적 없이 단지 성경을 공부하는 데 익숙해져 있다면 우리는 불순종하는 가운데 자기 마음을 단단하게 만들 뿐이다.

또한 즉각적으로 말씀을 실행하기 위해 정직하게 자신을 내드리지 않는다면 하나님의 뜻을 담고 있는 성경 말씀을 읽어서는 안 된다. 그렇게 할 수 있도록 하나님의 은혜를 구하라. 하나님은 우리에게 행하기를 원하시는 것을 말씀하기 위해, 그리고 어떻게 하나님이 그것을 행할 수 있는 은혜를 제공하시는지 알려주기 위해 우리에게 그분의 말씀을 허락하셨다. 성경을 읽고서 거기에 순종하려는 어떤 진지한 노력 없이 단지 말씀을 경건한 것이라고만 생각한다는 사실은 얼마나 슬픈 일인가! 하나님이 우리를 이처럼 끔찍한 죄에서 지켜주시도록 기도하라! 하나님께 이렇게 말씀드리는 거룩한 습관을 길러보자. "주님, 제가 주님의 뜻이라고 알고 있는 것이라면 무엇이든지 즉각적으로 순종하겠습니다." 항상 기꺼이 순종하려는 마음을 가지고 성경을 읽으라.

지금까지 나는 계속해서 우리가 이미 잘 알고 있는 여러 가지 명령을 언급해왔다. 그리고 쉽게 이해할 수 있는 명령을 언급하기도 하였다. 그러나 우리가 지금까지 전혀 주목하지 않았을 수도 있는 명령도 상당히 많으며 그 적용 범위가 너무 넓고 끊임없어서 쉽게 이해할 수 없는 다른 명령도 상당히 많다는 사실을 기억하기를 바란다.

그러므로 하나님 뜻을 모두 알아내고 싶다는 깊은 열망으로 하나님 말씀을 읽어야 한다. 만약 어려워 보이는 것이나, 너무 힘들어 보이는 명령이나, 행하기 위해서는 하나님의 인도하심이 필요하다고 생각되는 명령이 있다면 그것들이 당신에게 하나님의 거룩하신 가르침을 찾아 나서도록 몰아가야 한다. 가장 많은 축복을 가져다주기는 아주 쉽고 가장 많이 격려하는 본문이 아니다. 쉽든 어렵든 간에 가장 커다란 축복을 가져다주는 것은 당신을 하나님께 가장 많이 내던지게 하는 본문이다. 하나님은 우리가 모든 신령한 지혜와 총명에 하나님의 뜻을 아는 것으로 채우기를 원하신다.

"이로써 우리도 듣던 날부터 너희를 위하여 기도하기를 그치지 아니하고 구하노니 너희로 하여금 모든 신령한 지혜와 총명에 하나님의 뜻을 아는 것으로 채우게 하시고"(골 1:9).

이처럼 놀라운 일이 이루어지는 것은 바로 새벽기도를 통해서다. 새벽기도 시간이야말로 하나님이 우리에게 어떤 일을 행할 만한 힘을 주실 것이라 확신할 수 있도록 말씀하고 계신다는 사실을 알게 되는 유일한 때이다. 그리고 우리가 기꺼이 하나님 뜻에 관한 모든 것을 더 많이 알고 싶어 하면서 하나님이 시시때때로 우리에게 그 뜻에 관해 더 많은 것을 계시하실 것이며 우리가 그 뜻을 모두 행할 수 있도록 도우실 것이라는 사실을 깨닫는 유일한 때이다.

새벽기도 시간이 날마다 하나님을 만나기로 한 사람의 삶에 얼마나 놀라운 권능을 부어주겠는가! 절대적인 순종으로 자신의 순종적인 삶을 새롭게 하면서 성령이 하나님의 뜻을 가르쳐주시기를 겸손하고 끈기 있게 기다리는 사람은 말씀 속에 제시된 온갖 보장과 약속이 진실하다는 사실을 확실히 발견하게 될 것이다. 이런 생각에 비추어서 나는 새벽기도 시간에 무엇을 기도해야 할지를 몇 마디 덧붙이고 싶다.

하나님의 임재를 위해

먼저 하나님의 임재를 단단히 붙들라. 단지 하나님이 사랑 가운데 당신을 바라보며 당신에게 귀를 기울이는 동시에 당신 안에서 일하고 계신다는 확신을 하는 것에만 만족해서는 안 된다.

만약 우리 일상생활이 하나님으로 충만하게 된다면 그날 하루의 삶에 하나님의 인장을 찍을 수 있도록 날마다 새벽기도가 필요하다. 신앙생활을 하면서 우리에게는 하나님이 점점 더 많이 필요하다. 하나님의 사랑, 하나님의 뜻, 하나님의 거룩하심, 우리 안에 살아계신 성령, 그리고 우리 안에서 역사하시는 하나님의 능력이 더 많이 필요하다. 하늘 아래서 하나님과 친밀한 인격적인 교제를 나누지 않고서는 여기에 도달할 방법이 전혀 없다. 하나님과 교제를 확고히 나누고 연습하기 위해서 우리의 새벽기도 시간보다 더 나은 시간이란 없다.

우리 그리스도인의 섬김에서 피상적이고 연약한 모습이 나타나는 것은 모두 하나님과 실질적인 접촉이 거의 이루어지지 않는 데서 비롯된다. 오직 하나님만이 모든 사랑과 선과 행복의 근원이기 때문에 우리의 신뢰와 지고한 행복 역시 그분 안에서만 찾아야 한다. 우리는 하나님 안에서 가능한 한 많이 그분의 임재, 그분과의 교제, 그분의 뜻, 그분을 섬길 기회를 얻으려고 소망해야 한다. 이 모든 것이 정말로 현실화하기 위해서는 새벽기도 가운데 하나님을 만나는 것이 우리의 첫 번째 우선순위로 자리 잡고 있어야 한다.

하나님이 사람들에게 나타나 말씀하시도록 하기 위해서는 구약 시대 믿음의 조상들의 순종 뒤에 숨어 있었던 그와 같은 비밀이 우리에게도 자리 잡고 있어야 한다. 그리고 하나님이 자신을 계시하시도록 은밀한 가운데 하나님께 시간을 내드림으로써 당신의 영이 '브니엘'이라는 이름으로 불릴 수 있도록 해야 한다. 그곳은 "내가 하나님과 대면하여 보았으나"(창 32:30)라는 뜻이다.

기도와 완전한 순복을 위해

다음으로 곧 그날을 위한 절대적인 순종으로 당신의 순복을 새롭게 하는 일이 당신의 새벽기도 중에서 주요 부분을 차지하도록 해야 한다. 먼저 죄를 고백하라. 하나님을 슬프게 하는 모든 것을 뽑아내고 잘라내라.

> "만일 네 오른 눈이 너로 실족하게 하거든 빼어 내버리라. 네 백체 중 하나가 없어지고 온몸이 지옥에 던져지지 않는 것이 유익하며 또한 만일 네 오른손이 너로 실족하게 하거든 찍어 내버리라. 네 백체 중 하나가 없어지고 온몸이 지옥에 던져지지 않는 것이 유익하니라"(마 5:29-30).

은혜를 위한 기도나 거룩한 동행을 위한 기도 역시 아주 구체적으로 아뢰라. 기도하는 가운데, 특히 우리에게 필요한 바로 그 은혜와 능력을 믿음으로 구하고, 이미 구한 것은 믿음으로 받아들이라. 날마다 기도를 시작할 때 하나님께 순종하는 것을 삶의 주요한 원리로 지키겠다고 단호히 결단하라.

기도 가운데 하나님 뜻에 익숙해지는 방법 외에는 하나님의 사랑과 축복으로 들어가기 위한 다른 가능한 방법은 거의 없다. 기도하는 가운데 하나님의 축복된 뜻에 당신을 내드리라. 이것은 온갖 수많은 기도 제목보다 더 많은 것을 당신에게 가져다줄 것이다. 당신에게 커다란 자비를 베풀어달라고 하나님께 간구하여 당신이 하나님의 뜻 가운데로 들어가 거기에서 살아갈 수 있도록 기도하라. 모든 일을 가능하게 하시는 하나님의 능력은 하나님의 뜻을 행하는 일에 축복된 확신을 갖게 할 것이다.

당신의 기도가 사실상 새벽에 드리는 희생제사, 곧 주님의 제단에 온전한 번제로서 자신을 올려드리는 상징적인 행위가 되어야 한다. "또 소제를 드리되 그중에서 그의 손에 한 움큼을 채워서 아침 번제물에 더하여 제단 위에서 불사르고"(레 9:17). 당신이 완전한 순종에 순복하는 정도는 곧바로 하나님을 향한 확신의 정도를 나타내게 될 것이다.

분명한 보증과 확신을 하기 위해

또한 하나님과 나누는 진실한 기도와 교제는 일방적일 수 없다는 사실을 기억하기를 바란다. 우리는 잠잠히 기다리면서 하나님의 반응에 귀를 기울일 필요가 있다. 이것은 성령의 임무로서 우리에게 하나님의 음성으로 다가오게 한다. 마음속 깊이 숨겨져 있는 곳에, 하나님 아버지께서 우리가 요청한 것을 우리에게 실행하기 위해 계획할 수 있도록 은밀하지만 분명한 보증을 허락하실 수 있다. 이와 같은 보증을 얻기 위해서는 조용하고 겸손하게 하나님을 기다릴 필요가 있다. 우리는 하나님을 신뢰하는 고요한 믿음 가운데서 기다릴 필요가 있다.

우리가 하나님을 섬기면서 기도하는 가운데 하나님 편에 서 있을 때 하나님은 우리가 간구한 것을 받을 수 있다는 확신을 심어주신다. 하나님은 우리가 순종하는 가운데 자신을 희생제사로 드린 것이 받아들여졌다는 확신을 우리에게 허락하신다. 그런 다음에야 비로소 우리는 하나님이 우리에게 알고 행하도록 계획하시는 대로 모든 하나님의 뜻 가운데로 우리를 인도하시도록 전적으로 성령을 의지할 수 있다.

만약 우리가 성삼위일체 하나님과 함께 새벽기도로 날마다 한 시간씩 보낸다면 얼마나 놀라운 영광이 새벽기도 가운데 우리에게, 그리고 새벽기도를 통해 우리 일상생활에 찾아오겠는가! 성자 예수님과 성령을 통해 성부 하나님은 그날 하루 동안 우리를 의식적으로 온전히 차지하게 될 것이다.

성별된 중보기도를 위해

마지막으로 가장 중요한 것은 당신의 기도가 다른 사람들을 위한 중보기도가 되도록 하라는 것이다. 하나님 아버지와 나눈 예수님의 모든 교제에서와 마찬가지로 예수 그리스도의 순종에서 가장 본질적인 요소는 그것이 모두 다른 사람들을 위해 이루어졌다는 사실이다. 가장 지고한 형태의 기도는 중보기도이다. 하나님은 아브라함과 이스라엘과 우리를 선택하셔서 우리가 세상을 향한 축복이 되도록 하셨다. 우리는 "왕 같은 제사장"(벧전 2:9)이며 제사장 직분을 맡은 백성이다.

단지 우리가 개인적인 진보와 행복을 위한 수단으로써 기도를 이용하는 한 우리는 기도의 충분한 능력을 알 수 없게 된다. 그렇기에 중보기도가 우리 주변에 있는 사람들의 영혼을 위한 진정한 갈망이 되어야 한다. 우리의 중보기도가 그들의 죄와 필요에 따른 짐을 진정으로 짊어져야 한다. 우리의 중보기도가 하나님 나라의 확장을 위한 진정한 탄원이 되어야 한다. 그와 같은 중보기도가 우리의 새벽기도 시간을 성별하게 하는 요소가 되고, 거기에 어떤 새로운 관심과 매력이 있는지 알아보는 시간이 되어야 한다.

중보기도, 그것이 무슨 의미인지를 깨닫는 게 얼마나 놀라운 일인가! 예수 그리스도의 이름과 의와 가치를 취하는 것, 그것들로 옷입고 하나님 앞에 그런 모습으로 나타나는 것이란 얼마나 가슴 벅찬일인가! 이제 그리스도께서 더는 이 세상에 육신으로 계시지 않으니우리는 "그리스도를 대신하여"(고후 5:20) 각 사람을 위해 개별적으로 하나씩 이름을 불러가며 하나님께 간구하면서 기도해야 한다.

그리고 하나님의 은혜가 제대로 역사할 수 있도록 각 사람의 필요를 위해 구체적으로 하나님께 간구하면서 기도해야 한다. 하나님 앞에서 자신이 받아들여진다는 믿음과 더불어 성령의 기름 부으심은 그 일을 위해 우리를 구비시킨다는 믿음을 갖게 되면 우리는 자신의 기도가 "그의 영혼을 사망에서 구원할 것이며"(약 5:20) 하늘의 축복을 이 땅에 가져올 수 있다는 사실을 알게 될 것이다.

새벽기도 시간에 이와 같은 일이 날마다 새로워지고 지속될 수 있다는 사실을 생각하는 것은 얼마나 가슴 설레는 일이란 말인가! 참된 그리스도의 형상이 배양되는 것은 자신의 힘으로 일하는 단순한 열정 이상의 중보기도를 통해서다. 우리가 삶과 축복을 나누어주는 능력 가운데서 자신의 참된 고상함에까지 도달할 수 있는 것은 바로 중보기도를 통해서다. 우리는 교회와 사람들을 위한 사역에서 하나님의 능력을 크게 증진하는 방편으로 중보기도를 바라보아야 한다.

결론적으로 순종과 새벽기도 사이의 필연적인 연관성에 관해 다시 한번 생각해보자. 순종 없이는 하나님 말씀과 하나님 뜻에 관한 지식 가운데로 들어가는 영적인 능력이 있을 수 없다. 순종 없이는 하나님이 우리 기도를 듣고 계신다는 확신과 담대함과 자유가 있을 수 없다. 순종은 하나님의 뜻 안에서 그분과 나누는 교제이다. 순종 없이는 하나님이 우리를 위해 예비하신 축복을 바라보고 요청하고 간직할 만한 능력이 있을 수 없다.

다른 한편으로 새벽기도를 통해 하나님과 견고하고 살아 있는 소통을 나누지 않는다면 우리가 순종의 삶을 유지하기란 불가능하다. 순종에 대한 서약이 매일 아침 능력 가운데 새로워지고 위로부터 확인될 수 있는 곳이 바로 그곳이다. 그와 같은 임재와 교제를 통해 순종할 수 있도록 확실히 보장받을 수 있는 곳이 바로 그곳이다. 하나님과 나누는 새벽 교제를 통해, 그분에 대한 순종을 통해 우리는 하나님이 요구하시는 모든 일을 할 힘을 부여받게 된다. 우리가 하나님의 뜻을 영적으로 이해할 수 있게 되는 곳도 바로 그곳이다.

하나님은 당신의 자녀들을 부르셔서 놀라운 천상의 초자연적인 삶을 살게 하셨다. 그러므로 날마다 올려 드리는 새벽기도가 천국문을 열어서 천상의 빛과 능력이 우리의 기다리는 마음속으로 흘러 들어오게 해야 한다. 온종일 하나님과 동행하기 위해 날마다 새벽기도 자리에서 떠나서는 안 된다.

"여호와여 오직 내가 주께 부르짖었사오니 아침에 나의 기도가 주의 앞에 이르리이다"(시 88:13).
"너는 내게 부르짖으라. 내가 네게 응답하겠고 네가 알지 못하는 크고 은밀한 일을 네게 보이리라"(렘 33:3).

그는 근본 하나님의 본체시나 하나님과 동등됨을 취할 것으로 여기
지 아니하시고 오히려 자기를 비워 종의 형체를 가지사 사람들과 같
이 되셨고 사람의 모양으로 나타나사 자기를 낮추시고 죽기까지 복
종하셨으니 곧 십자가에 죽으심이라. 빌립보서 2:6-8.

지금까지 순종의 삶이 무엇인지에 관해 줄곧 언급해왔다. 이제
는 어떻게 이와 같은 삶으로 들어갈 수 있는지를 한번 생각해보자.
이번 장에서는 우리가 그와 같은 순종의 삶으로 들어가는 것에 관해
나누고자 한다. 그리스도께서는 죽기까지 순종하셨다. 이제 막 순종
의 삶을 시작하는 것을 주제로 삼아 논의를 전개하는 상황에서 가장
완전한 형태의 순종을 언급하고 있는 본문을 인용하고 있으므로 당

신은 그것이 혹시 실수가 아닌지 생각할지도 모르겠다. 그러나 그것은 전혀 실수가 아니다. 경주에서 성공의 비결은 출발선에서부터 아주 명확하게 목표를 바라보는 것이다.

"그는… 죽기까지 복종하셨으니 곧 십자가에 죽으심이라"(빌 2:6-8). 우리 가운데 어느 사람에게도 다른 어떤 그리스도는 없으며, 하나님을 기쁘시게 하는 다른 어떤 순종도 없으며, 우리가 따라야 할 다른 본보기도 없으며, 우리가 순종하는 법을 배워야 할 다른 선생님도 없다. 그리스도인은 자기가 목표로 삼을 만한 유일한 순종으로써 즉각적으로 온 마음을 다해 그리스도의 순종을 받아들이지 않기 때문에 감히 상상할 수 없을 정도로 많은 고난을 겪는다.

죽기까지 순종하기로 결단하는 것은 어린 그리스도인들에게 커다란 힘을 불어넣는다. 그것은 동시에 그리스도의 아름다움과 영광이다. 그리스도의 순종을 함께 나누어 갖는 것은 그리스도께서 우리에게 틀림없이 베풀어주시는 지고한 축복이다. 그 순종을 갈망하고 거기에 완전히 굴복하는 것은 심지어 가장 어린 그리스도인에게도 가능한 일이다. 다음 이야기는 예수님이 그분의 백성에게 원하시는 순종이 어떤 것인지 아주 구체적으로 설명하고 있다.

자신을 따르는 막강한 군대를 거느린 강대국의 어떤 왕이 나라는 작지만 용감한 군대를 거느린 어떤 왕에게 복종을 요구했다. 사신들이 항복을 권하는 메시지를 전달했을 때 작은 나라의 왕은 병사 중한 명을 불러 스스로 목숨을 끊으라고 명령했다. 그 병사는 즉시 그 명령에 순종했다. 두 번째 병사도 불려왔다. 그 병사 역시 즉각 순종했다. 세 번째 병사가 불려왔는데 그 병사도 죽기까지 순종했다.

그런 다음 이 왕은 사신들에게 이렇게 말했다.

"너희 왕에게 돌아가서 나에게는 이처럼 용맹한 병사가 3천이나 있다고 전하여라. 그리고 오히려 너희 왕이 나에게 와서 무릎 꿇고 항복하라고 전하여라."

이 왕은 자신의 명령을 받았을 때 아낌없이 목숨을 버릴 수 있는 병사들의 순종을 의지했다.

하나님이 우리에게 원하시는 것도 바로 이와 같은 형태의 충성스러운 순종이다. 그리스도께서 보여주신 것도 바로 이와 같은 순종이다. 그리스도께서 가르쳐주시는 것도 바로 이와 같은 순종이다. 우리도 이와 다름없는 순종을 배우기 위해 노력해야 한다. 그리스도인의 삶을 시작하는 순간부터 이와 같은 순종이 우리 목표가 되어야 한다. 그리스도를 "주님"이라고 부르면서도 그분이 말씀하시는 대로 행하지 않는 치명적인 실수를 저지르지 않도록 주의해야 한다.

어느 정도로든 지금까지 불순종의 죄를 깨달은 사람들은 하나님 말씀에 세심히 귀를 기울여야 한다. 하나님은 그와 같은 죄악을 피할 길을 보여주시며 그리스도께서 허락하실 수 있는 생명에 접근할 수 있는 법을 알려주신다. 곧 완전한 순종의 삶으로 들어가는 길을 말씀해주신다. 그렇다면 우리가 완전한 순종의 삶으로 들어가기 위해서는 어떻게 해야 하는가?

죄의 고백과 정화를 통해서

죄의 고백과 정화(淨化)가 첫 번째 단계가 되어야 한다는 점을 알기란 그리 어렵지 않다. 하나님의 백성이 보여주는 불순종을 가장 많이 지적한 선지자인 예레미야가 기록한 성경에서 하나님은 이렇게 말씀하셨다.

"배역한 이스라엘아 돌아오라. 나의 노한 얼굴을 너희에게로 향하지 아니하리라. 나는 긍휼이 있는 자라. 노를 한없이 품지 아니하느니라. 여호와의 말씀이니라. 너는 오직 네 죄를 자복하라. 이는 네 하나님 여호와를 배반하고 네 길로 달려 이방인들에게로 나아가 모든 푸른 나무 아래로 가서 내 목소리를 듣지 아니하였음이라. 여호와의 말씀이니라. 여호와의 말씀이니라. 배역한 자식들아 돌아오라. 나는 너희 남편임이라. 내가 너희를 성읍에서 하나와 족속 중에서 둘을 택하여 너희를 시온으로 데려오겠고"(렘 3:12-14).

회심의 과정에서 아무런 죄의 고백도 없이 용서받을 수는 없다.

회심 이후에도 새롭고 더 깊은 죄의 자각과 고백이 없다면 죄와 불순종이라는 압도적인 힘으로부터 구원받을 수 없다. 우리는 불순종에 관한 생각을 모호하거나 두루뭉술하게 가져서는 안 된다. 구체적으로 죄를 거론하면서 자신의 죄를 고백해야 한다. 그런 다음에는 이 죄를 깨끗이 단념하고 그리스도의 손에 완전히 놓아 드려야 한다. 예수 그리스도를 통해서만 모든 죄악이 깨끗하게 정화될 수 있다. 우리는 오직 그럴 때만 비로소 참된 순종의 길에 들어설 수 있다.

우리는 그리스도의 가르침이라는 빛에 비추어 우리 삶을 조명해야 한다. 그리스도께서는 율법을 허물기 위해서가 아니라 율법의 완성을 보증하기 위해 이 땅에 찾아오셨다. "내가 율법이나 선지자를 폐하러 온 줄로 생각하지 말라. 폐하러 온 것이 아니요. 완전하게 하려 함이라"(마 5:17). 그러면서 젊은 관원에게 이렇게 말씀하셨다. "네가 (이미 충분히) 계명을 아나니"(막 10:19).

율법이 우리의 첫 번째 시험이 되어야 한다. 가령 거짓말 같은 어떤 한 가지 구체적인 죄를 한번 생각해보자. 한번은 내가 어떤 젊은 여성이 건네준 쪽지를 받은 적이 있었는데 거기에서 이 여성은 주님께 완전히 순종하고 싶다는 말과 함께 내적으로 자신이 나에게 내뱉었던 거짓말을 고백하라는 가책을 느낀다고 말했다. 그것이 그다지 중요한 문제는 아니었지만 이런 고백이 자신의 죄책감을 떨쳐내도록 도와준다고 생각했다는 측면에서 그 여성이 옳았다.

엄격한 진실성의 시험을 이겨내지 못할 것들이 보통 사회에서는 곳곳에 가득 널려 있다. 우리가 모든 계명에 순종하기 위해서는 굉장한 주의를 기울여야 한다. 심지어 탐심을 금지하는 마지막 계명에 이르기까지 말이다. 그리스도인들은 너무나 자주 불순종하려는 마음을 이겨내지 못한 나머지 자기 소유가 아닌 것을 갖고 싶어 한다. 이 모든 것을 완전히 끝내야 한다. 우리는 그와 같은 죄를 고백해야 하며 하나님의 능력으로 영원히 물리쳐야 한다. 만약 우리가 완전한 순종의 삶으로 들어가겠다는 생각을 조금이라도 가지고 있다면 말이다.

이에 관하여 그리스도께서는 새로운 사랑의 법을 계시하셨다. 하늘에 계신 아버지처럼 자비를 베푸는 것, 하나님 아버지께서 용서를 베푸시는 것과 마찬가지로 용서하는 것, 원수를 사랑하는 것, 우리를 미워하는 사람에게 선행을 베푸는 것, 자기희생과 자선을 베푸는 삶을 살아가는 것 등 이런 것들이 바로 예수님이 가르치신 것들이다.

우리를 화나게 하거나 함부로 이용하려 할 때 쉽게 용서하지 못하는 우리 영을 잘 관찰해보라. 사랑하지 않는 생각과 날카로우면서도 불친절한 말, 자비를 보여주고 선을 베풀고 축복해주라는 부르심에 대한 무시, 그리고 정면으로 불순종하는 태도 따위를 유심히 관찰해보라. 우리는 그와 같은 불순종을 심각하게 느끼면서 애통해하는 가운데 완전한 순종의 능력을 우리 것으로 만들기 위해 오른쪽 눈을 뽑아내야 한다. "만일 네 오른 눈이 너로 실족하게 하거든 빼어 내버리라. 네 백체 중 하나가 없어지고 온몸이 지옥에 던져지지 않는 것이 유익하며"(마 5:29).

그리스도께서는 자기 부인에 관해 상당히 많이 말씀하셨다. 자아는 모든 사랑의 결핍과 온갖 불순종의 뿌리이다. 우리 주님은 각각의 제자를 부르시면서 자기를 부인하고, 자기 십자가를 지고, 모든 것을 버리고, 자기 생명까지도 내놓고, 자신을 겸손하게 낮추고, 모든 사람의 종이 되라고 말씀하셨다. 예수님은 자기 의지, 자기 고집, 자기 본위 따위에서처럼 바로 자아가 온갖 죄악의 근원이기 때문에 이 모든 것을 요청하신 것이다.

우리가 먹고 마시는 문제에 지나치게 탐닉함으로써 육신에 굴복할 때, 우리가 교만을 부추기는 것을 추구하거나 받아들이거나 즐거워함으로써 자아를 만족시킬 때, 자기 의지가 함부로 날뛰도록 가만히 내버려 두면서 원하는 바를 만족시키려고 준비할 때 우리는 예수님의 명령에 불순종하는 죄를 짓게 된다. 이것은 점차 영혼을 어둡게 만들어 예수님의 빛과 평안을 완전히 즐기는 것을 불가능하게 한다.

또한 그리스도께서는 하나님 아버지께 온 마음을 다하는 사랑을 요청하셨다. 그리스도 자신도 하나님께 나아와 하나님을 따르는 모든 사람에게 희생을 요청하셨다. 모든 것을 희생하겠다고 구체적으로 목표를 정하지 않은 그리스도인, 하루하루 살아가기 위해 은혜를 구하기로 결단하지 않은 그리스도인은 불순종의 죄를 짓는 것이다. 그 사람의 신앙적인 행보 가운데 상당히 많은 부분이 유익하고 진지해 보일 수는 있지만 그 사람은 예수님의 뜻을 행하고 있으며, 예수님의 계명을 지키고 있다는 사실을 스스로 깨닫는 것이 거의 불가능하다. 만약 그 사람이 온 마음을 다해 순복하지 않는다면 말이다.

그와 같은 부르심을 듣고 다시금 새롭게 참된 순종의 삶을 시작하려고 할 때 그렇게 하기를 원하면서 조용히 새로운 출발에 나서려고 시도하는 그리스도인이 많이 있다. 그들은 더 많은 기도와 성경공부를 통해 자연스럽게 순종의 삶으로 자라가게 될 것이며 순종이 점진적으로 찾아오리라 생각한다. 그러나 그들은 엄청난 실수를 저지르고 있다. 하나님이 예레미야서에서 사용하고 계신 말씀은 그들의 실수가 무엇인지를 정확히 가르쳐준다. "배역한 이스라엘아 돌아오라. …여호와의 말씀이니라"(렘 3:12).

완전히 진심으로 전적인 순종을 서약하는 영혼은 빈약한 순종에서 좀 더 완전한 순종으로 자라갈 수 있을 것이다. 그러나 불순종에서 순종으로 점차 자라가는 것은 있을 수 없는 일이다. 단지 불순종에서 완전히 돌아서는 것, 내쫓아버리는 것, 결단, 위기가 필요할 뿐이다. 그것은 오직 지금까지 잘못한 것들에 대한 아주 명확한 통찰과 더불어 부끄러움과 참회를 통해 깨끗이 죄를 고백함으로써 찾아온다.

오직 참회를 통해서만 그 영혼은 온갖 부정(不淨)으로부터 거룩하고 강력한 정화(淨化)를 추구하게 될 것이다. 회개는 양심을 준비시켜 새로운 마음을 선물로 받게 만든다. 하나님의 성령은 우리를 하나님의 율법 안에서 걸어가게 만들 것이다.

만약 당신이 전혀 다른 삶으로 인도받기를 소망한다면, 그리스도와 같은 순종을 보여주는 사람으로 변화되기를 원한다면 성령이 당신에게 온갖 불순종을 보여주어 죄를 자각하게 해달라고 간구함으로써 시작하라. 성령은 겸손히 죄를 고백하는 가운데 하나님이 제공하신 정화로 당신을 인도할 것이다. 거기에 도달하기까지 절대로 멈추지 말라.

순종을 가능하게 하는 믿음을 통해서

우리는 이 단계로 나아가기 위해 순종이 무엇인지 명확하게 이해해야 한다. 먼저 이 목적을 달성하기 위해서는 의식적인 죄와 무의식적인 죄 사이의 차이점에 세심한 주의를 기울여야 한다. 순종은 오직 의식적인 죄만을 다룬다.

우리는 하나님이 자기 자녀들에게 허락하시는 새로운 마음이 죄성으로 가득한 육신 가운데 부어진다는 사실을 잘 알고 있다. 이와 같은 육신적인 죄성으로부터, 심지어 참된 순종 가운데 걸어가고 있는 사람에게서조차도 그 사람이 도무지 직접 다스릴 수 없는 교만, 사랑하지 못하는 태도, 불결함과 관련된 사악한 생각이 문득문득 일어난다. 그것들은 죄악 된 본성 탓이지 죄를 저지른 사람 탓이 아니다. 그러므로 그것들은 사람이 쉽게 끊어버리고 내던져버릴 수 있는 불순종의 행위가 아니다. 왜냐하면 그 사람은 우리가 선택해야 하는 율법이나 하나님의 뜻과는 상반되는 행위를 무의식적으로 저지를 가능성이 크기 때문이다.

그것들에서 벗어나는 방법은 또 다른 데서 찾아온다. 그것은 언제나 순종함으로써 중생한 사람의 의지를 통해서가 아니라 그리스도의 보혈에 내재된 정화하는 능력과 우리 안에 내주하시는 그리스도의 성령을 통해서만 가능하다. 죄악 된 본성이 불쑥불쑥 솟구칠 때 우리가 할 수 있는 전부는 그것을 미워하는 동시에 즉각적으로 우리를 정화하고 계속 깨끗하게 지켜주시는 그리스도의 보혈을 신뢰하는 것뿐이다.

이처럼 구별된 삶에 주목하는 것은 굉장히 중요하다. 그것은 그리스도인이 순종할 수 없다고 생각하지 못하도록 지켜준다. 그것은 그리스도인을 격려하여 매우 효과적인 영역에서 자신의 순종을 추구하고 제공하도록 한다. 의지의 힘에 비례하여 성령의 능력은 얼마든지 신뢰할 수 있으며 의지의 영역을 훨씬 뛰어넘어 정화하는 일을 가능하게 만든다.

이와 같은 어려움이 제거되었을 때 흔히 두 번째 어려움이 생겨나 우리에게 순종할 수 있는지 의심하게 만든다. 사람들은 순종을 절대 완전이라는 개념과 연결한다. 사람들은 성경의 모든 명령과 이러한 명령이 지극히 훌륭하게 지시하는 모든 은혜를 한곳에 모아서 생각한다. 그리고 절대적인 완전 가운데서 온갖 은혜를 보여주는 사람을 순종하는 사람이라고 생각한다.

그런데 이것은 하늘에 계신 하나님 아버지께서 요구하시는 것과 얼마나 다른가! 하나님 아버지는 그분의 자녀들이 보여주는 각자 다른 능력과 성취를 참작하신다. 하나님은 단지 날마다, 매시간 한 번에 하나씩 순종을 요구하실 뿐이다. 그분은 실제로 온갖 알려진 명령을 온 마음을 다해 실행하는 일에 우리가 얼마나 자신을 내드리는지 살펴보신다. 하나님은 우리가 정말로 그분의 뜻을 알고 싶어 하는지, 그분의 뜻을 완벽하게 행하기를 갈망하는지 알고 계신다.

그리고 우리가 단순한 믿음과 사랑 가운데 이렇게 할 때 그 순종은 받을만하게 된다. 성령은 우리가 하나님을 만족스럽게 하고 있으며 "사랑하는 자들아 만일 우리 마음이 우리를 책망할 것이 없으면 하나님 앞에서 담대함을 얻고 무엇이든지 구하는 바를 그에게서 받나니 이는 우리가 그의 계명을 지키고 그 앞에서 기뻐하시는 것을 행함이라"(요일 3:21-22)는 달콤한 확신을 우리에게 심어주신다.

우리는 순종을 통해 이와 같은 정도의 은혜를 얼마든지 얻을 수 있다. 순종을 통해 은혜를 얻는 믿음을 소유하는 것은 그리스도인의 발걸음에서 필요한 부분이다. 만약 당신이 하나님 말씀 가운데서 그와 같은 믿음의 기초를 요구한다면 당신은 하나님의 새로운 언약 가운데서 그것을 얼마든지 찾아낼 수 있을 것이다.

"그러나 그날 후에 내가 이스라엘 집과 맺을 언약은 이러하니 곧 내가 나의 법을 그들의 속에 두며 그들의 마음에 기록하여 나는 그들의 하나님이 되고 그들은 내 백성이 될 것이라. 내가 그들에게 복을 주기 위하여 그들을 떠나지 아니하리라 하는 영원한 언약을 그들에게 세우고 나를 경외함을 그들의 마음에 두어 나를 떠나지 않게 하고"(렘 31:33, 32:40).

옛 언약에서 드러난 가장 큰 문제는 그 언약이 순종을 요구하기는 했지만 순종할 만한 능력을 제공하지는 않았다는 점이다. 그러나 새 언약은 그런 능력을 제공한다. 새로운 마음은 사랑과 생명을 뜻한다. 새로운 마음에 새겨진 율법을 갖는다는 것은 그 마음이 새로워진 사람의 가장 깊숙한 곳에 자리 잡은 생명을 손에 넣는다는 뜻이다. 새로운 마음은 하나님의 법을 기뻐한다. 새로운 마음은 기꺼이 하나님의 법에 순종할 뿐만 아니라 그럴 만한 능력도 있다.

당신은 경험을 통해 그것을 확인할 수 없다는 이유로 이것을 의심할 수도 있을 것이다. 그건 전혀 놀라운 일이 아니다. 하나님의 약속은 믿음으로 다가가야 하는 일이다. 만약 당신이 그 약속을 믿지 않는다면 당신은 그 약속을 취하거나 활용할 수 없다. 다시 말해 당신이 그것을 믿지 않기 때문에 그것을 경험할 수 없는 것이다.

하나님의 법은 당신 마음속에 기록되어 있다. 만약 당신이 이와 같은 사실을 확실하게 믿고 하나님의 법이 당신 마음속 깊숙한 곳에 자리 잡고 있다는 사실을 고백한다면 당신은 그 마음을 성령의 빛과 열기를 향해 들어 올릴 수 있으며, 하나님의 명령에 순종할 수 있는 능력과 더불어 그와 같은 명령이라는 뜨거운 사랑을 간직하게 될 것이다. 우리의 순종을 확실히 보증하기 위해 새로운 언약, 은혜의 언약 안에서 이루어진 예비하심이 얼마나 명료하고, 얼마나 확실하고, 얼마나 모든 필요를 충족시킬 수 있단 말인가!

나폴레옹의 병사 가운데 한 사람의 충성심에 관해 들려주는 이야기가 있다. 의사가 심장 부분에 박힌 총알을 뽑아내기 위해 애쓰고 있었는데, 바로 이때 그 병사가 이렇게 소리쳤다. "더 깊이 절단해 보세요! 그러면 거기에서 나폴레옹이라고 새겨놓은 글씨를 찾으실 수 있을 거예요."

그리스도인이여, 하나님의 법이 당신 마음속 깊숙한 곳에 살아 있다는 사실을 믿기 바란다. 다윗의 말과 예수 그리스도의 말씀을 믿음 가운데 고백하기를 바란다. "나의 하나님이여 내가 주의 뜻 행하기를 즐기오니 주의 법이 나의 심중에 있나이다"(시 40:8). 이 시편 말씀을 믿는 믿음은 당신에게 순종할 수 있도록 확신을 불어넣을 것이다. 그와 같은 믿음은 참된 순종의 삶으로 나아갈 수 있도록 당신을 도와줄 것이다.

그리스도께 순복함으로써

"여호와의 말씀이니라. 배역한 자식들아 돌아오라. 나는 너희 남편임이라. 내가 너희를 성읍에서 하나와 족속 중에서 둘을 택하여 너희를 시온으로 데려오겠고 내가 또 내 마음에 합한 목자들을 너희에게 주리니 그들이 지식과 명철로 너희를 양육하리라"(렘 3:14-15). 하나님께서 이스라엘에게 하신 말씀이다.

이스라엘은 하나님의 백성이었지만 하나님으로부터 돌아섰었다. 이스라엘이 다시 돌아오기 위해서는 즉각적이고 완전해야 했다. 불순종으로 얼룩진 삶에서 돌아서서 하나님의 은혜를 믿는 믿음으로 나아가기 위해서는 "보소서. 우리가 주께 왔사오니 주는 우리 하나님 여호와이심이니이다"(렘 3:22)라고 말하는 것, 곧 "내가 즉시 순종하겠나이다"라고 말하는 것만이 단지 그 순간에 필요한 일이다.

순종을 서약하고 그 서약을 지키기 위한 능력은 사랑이 넘치는 살아계신 예수 그리스도로부터 비롯된다. 나는 이전부터 순종의 능력이 예수 그리스도의 살아계신, 인격적인 임재의 전능하신 영향력 안에 있다고 말해왔다. 우리가 하나님의 뜻에 관한 지식을 어떤 책이나 사람들로부터 취하는 한 우리는 실패할 수밖에 없을 것이다. 만약 예수님을 우리 주님과 능력으로 생각한다면 우리는 얼마든지 예수님께 순종할 수 있다.

우리에게 명령하시는 음성은 우리에게 영감을 불어넣으시는 음성이다. 우리를 인도하시는 눈은 우리를 격려하시는 눈이다. 그리스도께서는 우리에게 모든 것이 되신다. 곧 명령을 내리시는 주군, 가르치시는 본보기, 힘을 불어넣으시는 조력자이시다. 그렇기에 우리는 불순종의 삶으로부터 돌아서서 그리스도께로 곧장 나아가야 한다. 믿음 가운데 그분께 자신을 온전히 내드려야 한다.

그리고 순복을 통해 그리스도께서 모든 것을 소유할 수 있게 해야 한다. 그리스도께서 그렇게 하기를 원하신다는 사실을 알아감에 따라 우리 삶이 그리스도 자신, 그리스도의 임재, 그리스도의 뜻, 그리스도의 섬김으로 충만해지도록 그분께 온전히 내드려야 한다. 우리 자신을 그분께 내드려서 그리스도께서 그분의 복된 섬김을 통해 그분으로, 그분의 생명으로, 사람들을 향한 사랑으로 우리를 가득 채울 수 있도록, 그분이 자신을 위해 우리를 온전히 소유할 수 있도록 해야 한다.

믿음을 통해 그리스도께서 모든 것을 소유할 수 있게 하라. 한 영혼이 그리스도 안에서 이와 같은 새로운 것과 지속적인 순종을 위한 능력을 바라볼 때 그리스도의 위대한 구속이라는 특별한 축복을 취하기 위해서는 새로운 믿음이 필요하다. 이전의 믿음은 죽기까지 자신을 내드린 그리스도의 순종으로 속죄를 이해했다.

그러나 새로운 믿음은 성경을 있는 그대로 받아들이면서 어떻게 그리스도의 순종이 우리 것이 되는지 주목한다.

"너희 안에 이 마음을 품으라. 곧 그리스도 예수의 마음이니 그는 근본 하나님의 본체시나 하나님과 동등됨을 취할 것으로 여기지 아니하시고 오히려 자기를 비워 종의 형체를 가지사 사람들과 같이 되셨고 사람의 모양으로 나타나사 자기를 낮추시고 죽기까지 복종하셨으니 곧 십자가에 죽으심이라"(빌 2:5-8).

새로운 믿음은 그리스도께서 우리 안에 그분 자신과 성령을 믿는 믿음을 부어주시고 성령이 우리를 준비시켜 순종 안에 살아가며 행하도록 하신다고 믿게 한다. 하나님은 그리스도를 세상으로 보내셔서 우리 마음과 삶 속에서 순종을 원래의 자리로 회복시키도록 하셨다. 하나님의 목적은 그분께 순종하도록 인간을 원래의 자리로 회복시키는 것이다. 그리하여 그리스도께서 이 땅에 오셨으며 죽기까지 하나님께 순종하셨고 무엇이 유일한 참된 순종인지 증명해 보이셨다. 그리스도께서는 십자가에 죽으심을 통해 죽음의 권세를 이기신 삶으로써 순종을 가능하게 하셨으며 자기 자신 안에서 그와 같은 순종을 온전하게 하셨다.

이제 그리스도께서는 우리에게 이와 같은 순종을 가르쳐주신다. 우리를 사랑하시고 우리 안에 살아계시며 우리를 인도하고 가르치시며 우리에게 힘을 불어넣으시는 그리스도께서는 죽기까지 순종하셨던 바로 그 예수 그리스도이시다. '죽기까지 순종하신 것'은 그분이 우리에게 나누어주시는 생명의 본질이다. 우리는 그 순종을 받아들일 뿐만 아니라 우리 안에서 그와 같은 순종을 온전하게 만드시는 그리스도를 신뢰해야 한다.

당신은 순종의 복된 삶으로 들어가고 싶지 않은가? 여기에 새롭게 활짝 열린 문이 있다는 사실에 주목하라. 예수 그리스도께서는 이렇게 말씀하신다. "나는 양의 문이라"(요 10:7). 또한 "내가 곧 길이요 진리요 생명이니"(요 14:6). 그리고 "그 길은 우리를 위하여 휘장 가운데로 열어 놓으신 새로운 살 길이요. 휘장은 곧 그의 육체니라"(히 10:20)고 말이다.

우리는 자신의 모든 불순종이 그리스도를 제대로 알지 못했기 때문이라는 사실을 깨닫기 시작한다. 또한 순종이란 단지 그리스도와 끊임없이 교제를 나누는 삶을 통해서만 가능하다는 사실에 주목하기 시작한다. 그분의 음성에 따른 영감, 그분의 눈길을 통한 조명, 그분의 손길에 대한 이해가 그 모든 것을 가능하게 만들고 확실하게 만든다.

자, 이리로 와서 바로 그 그리스도께 무릎 꿇고 엎드려 우리 자신을 내드리자. 그리스도께서 그분과 더불어 자신의 존재에 관한 모든 것과 모든 소유를 함께 나누어주신다는 사실을 믿는 믿음으로 죽기까지 그분께 순종하자.

믿음으로 아브라함은 부르심을 받았을 때에 순종하여 장래의 유업
으로 받을 땅에 나아갈새 갈 바를 알지 못하고 나아갔으며. 히브리
서 11:8.

　아브라함은 하나님께서 말씀하신 가나안 땅이 있다는 사실을 믿
었다. 아브라함은 그곳이 자신에게 기업으로 보장된 "약속의 땅"(히
11:9)이라고 믿었다. 아브라함은 하나님이 자신을 그리로 데려가 그
땅을 보여주시고 그 땅을 허락해주실 것이라고 확신했다. 그와 같은
믿음으로 아브라함은 갈 바를 알지 못하고서도 담대하게 길을 떠났
다. 믿음의 축복에 관해서는 아무런 지식도 없었지만 하나님을 신뢰
하였고 하나님께 순종하였으며 결국에는 기업을 물려받았다.

우리 앞에 놓인 약속의 땅은 축복된 순종의 삶이다. 우리는 자신에게 익숙한 곳을 떠나 순종의 삶을 살아가는 땅에 머물라는 하나님의 부르심을 들어왔다. 거기에는 아무런 실수가 있을 수 없다. 우리는 자신을 거기로 데려가 그 땅의 소유물을 나누어 주시겠다고 하시는 그리스도의 약속을 들어왔다. 이와 같은 부르심도 역시 명확하고 확실하다.

우리는 자신을 우리 주님께 순복하도록 하였으며 이 모든 것이 우리 안에서 참되게 해달라고 하늘에 계신 하나님 아버지께 간구하였다. 그런데 우리는 진정으로 자신의 모든 삶을 거룩하고 즐거운 순종의 차원까지 끌어올리고 싶어 하는가? 만약 그렇다면 우리 목표가 높은 것이다. 그 목표는 성령의 능력을 흘려보냄으로써 도달할 수 있다. 믿음으로 말미암아 그 목표는 새로운 비전을 품게 되고 예수 그리스도를 통해 우리에게 보장된 천상의 능력을 붙잡을 수 있게 된다. 우리가 순종하여 그 약속을 붙잡을 수 있을 때 말이다.

지금까지 우리가 헤아려본 주제들을 다시 한번 살펴보자.

새벽기도 시간, 또는 개인적이고 은밀한 경건의 시간이 있다. 우리는 이 시간을 성실하게 지키겠다는 소원을 품어야 하며, 영적인 삶에서 자라가기 위한 도구가 되도록 하겠다는 소원을 품어야 한다. 우리는 날마다 하나님과 친밀한 교제의 시간을 갖기 위해 그분을 바라보아야 한다. 거기에는 모든 일에서 하나님의 뜻에 완전히 순복하겠다는 자세가 포함될 수 있으며 그와 같은 자세는 온종일 그분의 임재와 섬김 가운데 우리를 높여줄 것이다. 성경공부 시간이 있다. 우리는 하나님의 뜻을 행하는 것이야말로 하나님의 진리에 대한 완전한 지식에 도달하는 유일한 지름길임을 지금까지 살펴보았다. 우리는 지금까지 그 명령에 순종하려는 의도로 성경을 읽으라는 도전을 받아왔다.

우리 주변 사람들에게 베풀어야 하는 영적인 도움이 있다. 상냥함, 겸손, 사랑 가운데 서로를 돌아보면서 우리 자신만큼이나 다른 많은 사람에게 덕을 세우도록 노력하면서 말이다. 특별한 경우뿐만 아니라 언제나 잃어버린 사람들을 위해 수고를 아끼지 않으면서 끈기와 인내심을 가지고 기도와 사랑을 베푸는 가운데 보여주는 적극적인 섬김이 있다. 이것은 간단한 일이 아니다. 그것은 하나님을 위한 사역에 동반되는 그분의 임재라는 즐거움으로 우리의 의무감에 영감을 불어넣을 때라야 비로소 가능하다. 그런 다음에라야 훨씬 더 폭넓은 사역, 그러니까 복음 전도와 해외 선교사역에까지 매진할 수 있게 된다.

이 모든 것, 곧 우리 자신과 다른 사람들에게 우리가 오직 하나님을 기쁘시게 하도록 살아가야 한다는 확신을 불어넣는 것에 대해 생각할 때 어떤 사람들은 이렇게 투덜댈 것이다. "이것은 우리가 들어가도록 부르심을 받은 약속의 땅이라기보다는 오히려 온갖 짐, 고난과 실패가 분명한 삶에 지나지 않아요."

사랑하는 벗이여, 그 말에 동의하지 않기를 바란다. 하나님은 우리를 약속의 땅으로 부르고 계신다. 이리로 와서 그리스도처럼 죽기까지 순종한 삶의 영광과 고상함을 경험해보라. 이리로 와서 하나님의 거룩하고 온전하신 뜻에 완전히 자신을 내주는 사람들에게 하나님이 어떤 축복을 베푸실 것인지 한번 지켜보라. 온 마음을 다하는 순종이라는 이처럼 멋진 땅에서 맛보는 영광을 신뢰하면서 그곳으로 당신을 부르시는 하나님을 믿으라. 그곳으로 당신을 데려가시는 그리스도를 믿으라. 당신 안에 내주하시면서 당신이 그곳으로 걸어갈 수 있도록 인도하시는 성령을 믿으라. 진실로 믿는 사람은 그 약속의 땅으로 들어가게 된다.

나는 우리의 성별에 관해 언급하면서 순종이 믿음으로 말미암아 생겨나며 그 믿음은 우리가 하나님께 순종할 수 있도록 한다고 주장할 것이다. 다음과 같은 다섯 가지 선포는 믿음을 간직한 마음, 그처럼 멋진 땅에서 살아가는 삶으로 들어가는 마음의 상태를 아주 잘 표현해준다. 곧 나는 그 땅을 바라보고 소망하며 기대하고 받아들이며 그 땅에 들어가기 위해 그리스도를 신뢰할 것이다.

믿음은 그 땅을 바라본다

앞의 여러 장에서 나는 하나님이 우리를 만나고 축복해주시는 가장 중요한 지점들을 가리키기 위해 '그 땅의 지도'를 당신에게 보여주려고 노력했다. 그리고 지금 우리에게 가장 필요한 것은 믿음 가운데 조용하고 명확하게 다음과 같은 질문을 던지는 것이다. "지속적인 순종이 절대적으로 가능한 그와 같은 약속의 땅이 정말로 존재하는가?"

이 점에 관해 아무런 의문을 품지 않는 한 그 약속의 땅으로 올라가 그 땅을 소유하는 것은 거의 불가능할 것이다. 아브라함의 믿음을 한번 생각해보라. 아브라함은 하나님을 믿었으며, 하나님의 전능하심과 신실하심을 의지했다. 나는 당신 앞에 하나님의 여러 가지 약속을 제시했다. 여기에 하나님의 또 다른 언약이 있다.

"새 영을 너희 속에 두고 새 마음을 너희에게 주되 너희 육신에서 굳은 마음을 제거하고 부드러운 마음을 줄 것이며 또 내 영을 너희 속에 두어 너희로 내 율례를 행하게 하리니 너희가 내 규례를 지켜 행할지라"(겔 36:26-27).

"너희 사방에 남은 이방 사람이 나 여호와가 무너진 곳을 건축하며 황폐한 자리에 심은 줄을 알리라. 나 여호와가 말하였으니 이루리라"(겔 36:36).

"내가 또 내 영을 너희 속에 두어 너희가 살아나게 하고 내가 또 너희를 너희 고국 땅에 두리니 나 여호와가 이 일을 말하고 이룬 줄을 너희가 알리라"(겔 37:14).

하나님은 당신이 순종할 수 있도록 책임을 떠맡으신다. 하나님은 그리스도와 성령을 통해 우리 안에서 그분의 약속, 곧 그분의 계획과 목적을 성취하기 위해 가장 멋지게 예비하신다.

만약 아브라함이 행했던 대로 하기를 원한다면 당신은 자기 마음을 하나님께 고정해야 한다. "믿음이 없어 하나님의 약속을 의심하지 않고 믿음으로 견고하여져서 하나님께 영광을 돌리며 약속하신 그것을 또한 능히 이루실 줄을 확신하였으니"(롬 4:20-21). 하나님의 전능하심은 아브라함의 기둥이었다. 그것이 당신 것이 되어야 한다.

하나님은 성경을 통해 많은 약속을 우리에게 주셨으며 그 약속들이 이루어지기 위해서는 하나님의 권능이 필요하다. 하나님은 우리에게 그분의 계명을 지키는 흠 없이 깨끗한 마음과 삶을 허락하겠다고 약속하셨다. 우리 안에서 하나님의 일 하심과 더불어 하나님이 우리 안에서 일하고 계신다고 신뢰하는 마음은 이와 같은 전적인 순종을 가능하게 만든다.

전적인 순종의 삶이 가능하다는 확신이 당신 생각 속에 가득 차도록 하라. 믿음은 아무리 보이지 않는 것과 불가능한 것이라도 충분히 가능한 것으로 바라볼 수 있다. 당신 마음이 이렇게 말할 때까지 그와 같은 비전을 바라보라. "그것은 틀림없이 실현될 수 있어! 그것은 이미 현실이야! 지금까지 나에게 전혀 알려지지 않은 것을 약속하는 삶은 분명히 있어!"

믿음은 그 땅을 소망한다

나는 복음서를 읽으면서 아픈 사람들, 눈 먼 사람들, 필요에 처한 사람들이 그리스도의 말씀을 믿는 것에 얼마나 많이 준비되어 있는지를 깨달을 때마다 우리보다 그 사람들이 훨씬 더 준비될 수 있었던 요인이 무엇이었는지 스스로 자주 물어본다. 내가 성경 말씀 속에서 찾아낸 해답은 이것이다. 곧 가장 커다란 차이점은 그 소망의 정직성과 강도에 있었다. 그들은 온 마음을 다해 구원을 소망했다. 예수님은 그들이 기꺼이 그분의 축복을 취하게 하려고 애원할 필요가 없었다.

그런데 그것은 우리에게도 전혀 다르지 않아야 한다. 모든 사람은 어떤 방식으로든 지금보다 더 나아지기를 바란다. 그러나 진정으로 "의에 주리고 목마른"(마 5:6) 사람은 얼마나 적은가! 친밀한 순종의 삶과 계속해서 의식적으로 하나님을 기쁘게 하는 삶을 살아가겠다고 열렬히 갈망하는 동시에 이를 위해 몸부림치는 사람이 얼마나 적은가!

강력한 소망 없이는 강력한 믿음도 있을 수 없다. 소망은 이 우주에서 가장 크게 동기를 부여하는 요소이다. 하나님의 아들을 보내시도록 하나님을 움직인 것은 우리를 구원하시겠다는 하나님의 열망이다. 기꺼이 연구하고 일하고 고통당하도록 사람들을 움직이는 것 역시 소망이다. 죄인을 그리스도께로 나아오게 하는 것은 오직 소망뿐이다. 그와 같은 약속의 땅이 우리에게 매력적으로 다가오게 만드는 것도 하나님을 향한 열망과 더불어 하나님과 나눌 수 있는 가장 친밀한 교제를 향한 열망, 곧 정확히 하나님이 우리에게 원하시는 모습으로 살아가면서 가능한 한 많이 하나님의 뜻을 이루겠다는 열망이다. 그리스도께만 전적으로 순종하기 위해 모든 것을 포기하도록 우리에게 영감을 불어넣는 것 역시 이와 같은 열망이다.

그렇다면 도대체 어떻게 그와 같은 소망을 일깨울 수 있단 말인가? 우리가 그러한 질문을 던지면서 모든 일 가운데 가장 바람직한 일, 곧 하나님의 뜻과 연합하는 가운데 하나님을 닮아가는 일이 우리에게 그다지 매력적이지 않다는 사실은 그 얼마나 창피하고 불행한 경우란 말인가! 그것을 우리의 무지나 무분별로 받아들여 성령을 통해 훤히 밝은 마음의 눈을 달라고 간청해보라.

그런 다음에는 우리가 참된 순종의 삶을 기대하면서 "그의 부르심의 소망이 무엇이며 성도 안에서 그 기업의 영광의 풍성함이 무엇"(엡 1:18)인지 알 수 있게 될 것이다. 하나님의 성령이 비추시는 조명 아래서 가능하고 확실하며 하나님이 보증하고 축복하시는 일로서 순종하는 삶으로 돌아가 계속해서 그와 같은 삶을 바라보자. 우리 믿음이 열망으로 불타오르기 시작할 때까지 바라보자. 그러면 우리가 "나는 순종하는 삶을 살기를 열망합니다! 온 마음을 다해 그와 같은 삶을 추구할 거예요!"라고 분명히 말할 수 있게 될 것이다.

믿음은 그 땅을 기대한다

소망과 기대 사이에는 커다란 차이가 있다. 소망이 기대감으로 자라날 때는 커다란 진보의 발걸음을 뗀 것이다. 그래서 그 영혼은 이렇게 말한다. "나는 나를 위한 영적인 축복이 있을 것이라고 확신합니다. 그리고 그것이 어떤 모습으로 펼쳐질지는 정확히 알 수 없지만 나는 확실히 그와 같은 축복을 마음껏 받을 것으로 기대하고 있습니다!"

순종의 삶이란 이제 더는 오직 하나님만이 제공할 수 있어서 우리가 도저히 도달할 수 없는 이상이 아니다. 그래서 우리는 조금씩 노력하여 최소한 거기에 좀 더 가까이 다가갈 수 있으며 이제 그것은 이 세상을 살아가는 육적인 존재인 우리에게 나름대로 의미를 던져주는 실재이다. 그와 같은 순종의 삶을 기대하라. 그것은 당신에게도 의미가 있다. 그것을 현실로 바꾸시는 하나님을 기대하라.

물론 이와 같은 기대감을 가로막는 수많은 장애물이 존재한다. 곧 과거의 실패, 마음에 안 드는 분위기, 호의적이지 않은 상황, 연약한 믿음, 죽기까지 순종하는 그와 같은 헌신에 대한 당신의 고난이 요구될 수도 있다. 그런데 그에 관한 의식적인 능력의 부족으로 당신은 이렇게 말할 수도 있다. "그건 아마 다른 사람을 위한 삶일 거야. 순종하는 삶이 나를 위한 것일 리가 없어!"

그러나 절대로 이런 식으로 말하지 말라. 당신은 이와 같은 이성적인 추론을 통해 하나님을 떠나고 있다. 오히려 당신의 축복을 기대하라! 하나님의 능력과 사랑을 바라보면서 이렇게 말하라! "그와 같은 삶은 바로 내 것이야!"

당신보다 앞서간 성인들의 삶을 통해 용기를 얻기를 바란다. 스페인의 카르멜수도회 소속 개혁가인 성녀 테레사는 회심 이후에 "하나님과 자신의 죄악 된 삶을 화해시키기 위해 보잘것없는 시도에 매달리느라 18년 이상을 낭비하였다"라고 말하였다. 그러나 마침내 테레사는 이렇게 말할 수 있었다.

"나는 아주 사소한 문제에서도 절대로 하나님을 기분 나쁘게 만들지 않기로 서약하였다. 그런 짓을 저지르고 있다는 사실을 뻔히 알고 있으면서도 그런 종류의 일을 저지르기보다는 오히려 수천 번도 더 죽음을 택하겠다고 서약하였다. 이것이 바로 죽기까지 순종하는 것이다. 내 생각에 아직도 더 완전해질 수 있으며 하나님의 영광을 위해 더 많은 일을 할 수 있는데 무엇이든 제대로 해내지 않은 일을 이제 더는 절대로 남기지 않겠다고 결단하였다."

그리고 테레사는 이렇게 기도했다.

"우리는 주님께 우리 마음을 내드리는 데 너무나 오랜 시간이 걸리고 더딥니다. 그러면 주님은 너무나 소중한 소유물에 대한 값을 충분히 내지 않고서는 주님에 대한 우리의 소유를 허락하지 않으실 것입니다. 우리 마음에 주님의 사랑이 마음껏 부어지게 하려고 값을 내고 살 수 있는 것은 이 세상에 아무것도 없습니다. 다만 우리 마음의 사랑을 주님께 올려드릴 뿐입니다. 주님은 이 값을 충분히 내면서 끈기 있게 주님을 찾는 사람들에게 절대 자기 자신을 주저하지 않으십니다. 주님은 조금씩, 시시때때로, 마침내 승리를 얻을 때까지 그 영혼을 강하게 만들고 회복시켜주실 것입니다."

독일의 찬송가 작곡자인 게르하르트 테르슈테겐은 어린 시절부터 주님을 열심히 추구하면서 섬겼다. 그러나 어느 시기가 지난 이후에 게르하르트는 하나님의 은혜에 대한 감각을 잃어버렸다. 장장 5년 동안이나 영적인 고독이라는 거대한 바다 위를 둥둥 떠다녔으며, 거기에는 강렬한 태양이나 희미한 별빛도 전혀 나타나지 않았다. 그때 게르하르트는 이렇게 고백했다. "그런데도 내 소망은 끝까지 그리스도께 있었다."

그러던 어느 날 갑자기 절대 떠나가지 않을 한 줄기 빛이 게르하르트에게 비추었다. 그래서 게르하르트는 자신의 혈관에서 흘러내리는 피로 주 예수 그리스도께 다음과 같은 내용의 편지를 썼다.

"오늘 저녁부터 영원에 이르기까지 내 뜻이 아니라 주님의 뜻이 이루어지게 하소서. 내 안에 찾아오셔서 명하고 다스리고 통치하소서. 아무런 조건이나 거리낌 없이 나 자신을 내드립니다. 주님께 고의로 또는 자발적으로 충실하지 않거나 불순종하기보다는 주님의 도움과 능력으로 마지막 한 방울까지 내 피를 내드리겠다고 약속합니다."

이것이 바로 게르하르트가 보여준 죽기까지 순종하는 모습이었다. 그와 같은 순종의 삶에 당신 마음을 고정하고 그것을 기대하라. 하나님은 여전히 살아계신다. 당신의 소망을 그분께 두라. 그러면 하나님이 그렇게 하실 것이다.

믿음은 그 땅을 받아들인다

받아들이는 것은 단순히 기대하는 것보다 한 차원 더 나아가는 것이다. 많은 사람이 기다리고 소망하면서도 하나님의 여러 가지 선물을 순순히 받아들이지 않기 때문에 결코 소유하지 못한다.

지금까지 하나님의 선물을 전혀 받지 못했으며 아직도 받을 준비가 되어 있지 않은 것처럼 느끼는 모든 사람에게 단순히 기대하는 것으로 시작하라고 말하고 싶다. 만약 그 기대감이 마음속 깊은 곳으로부터 나온 것이며, 진정으로 하나님께 고정된 것이라면 그것은 당신 영혼을 인도하여 받아들이게 할 것이다. 기대하고 있다고 말하는 사람들에 대해서는 이제 다음 단계로 나아가 기꺼이 받아들일 차례이다. 믿음에는 "받아들여서, 취하여, 간직하고 있다"라고 말할 수 있는, 하나님이 허락하시는 놀라운 능력이 포함되어 있다.

우리가 바라는 영적인 축복을 달라고 요청하면서 붙잡을 수 있는 것은 믿음이지만 너무나 많은 기도가 열매를 맺지 못하는 것처럼 보이는 이유는 명확한 믿음의 부족 때문이다. 모든 성도가 그와 같은 믿음의 행위에 준비된 것은 아니다. 성도의 기도가 열매를 맺지 못하는 또 다른 이유는 단순히 어떤 축복을 받아들일 만한 역량을 가지고 있지 못하기 때문이다. 흔히 불순종의 죄에 대한 참된 자각이 없거나 죄의 자각이 부족하다는 사실에 대해 아무런 애통해하는 마음이 없을 수도 있다. 더욱이 모든 일에서 하나님께 순종하겠다는 강한 열망이나 확고한 결단이 부족할 수도 있다.

사람들은 심지어 어떻게 하나님이 우리를 온전하게 하기 원하시는지를 보여주는 성경 말씀에 대해 꼭 필요한 깊은 관심을 나타내지 않는다. 다시 말해 이 그리스도인들은 영적인 아기 상태에 머물러 있는 것에 만족한다. 그들은 단지 위로의 우유만을 마시고 싶어 할 뿐이다. 그들은 예수님이 드시는 질긴 고기를 먹을 수 없다. 이를테면 하나님 아버지의 뜻을 행하는 일에는 전혀 관심이 없다.

우리 인간의 연약함에도 불구하고 하나님은 이처럼 놀랍고도 새로운 순종의 삶에 관한 은혜를 받아들이도록 우리에게 요청하신다. 지금 그것을 받아들이라. 이것 없이는 당신의 성별 행위가 전혀 무가치해질 것이다. 이것 없이는 순종하는 삶을 살기 위해 더욱 노력하겠다는 당신의 목표는 결국 실패하고 말 것이다.

당신이 단순한 어린아이 같은 순종의 자리를 취할 수 있도록 도와주는, 전혀 새로운 자리가 있다는 사실을 하나님이 보여주시지 않았던가! 하나님의 은혜는 당신이 날마다 성령을 통해 하나님이 내리시는 모든 명령에 순종할 수 있도록 하신다. 우리는 순종을 위해 하나님의 은혜에 단순하게 어린아이처럼 의지하면서 살아갈 수 있다.

심지어 지금도 나는 당신에게 그와 같은 자리를 취하도록, 그와 같은 순복이 가능하도록, 그와 같은 은혜를 받아들이도록 간청하는 바이다. 참된 믿음의 삶과 중단 없는 믿음의 순종을 받아들이고 그곳으로 들어가라. 당신의 믿음이 하나님의 약속과 능력처럼 아무런 제한 없이 언제나 견고하기를 기도한다. 당신의 단순하고 어린아이 같은 순종은 당신의 믿음만큼이나 아무런 제한이 없어질 것이다. 하나님께 도움을 달라고 간구하라. 그리고 하나님이 당신에게 제공하시는 모든 것을 기꺼이 받아들이라.

믿음은 모든 일에서 그리스도를 신뢰한다

"하나님의 약속은 얼마든지 그리스도 안에서 예가 되니 그런즉 그로 말미암아 우리가 아멘 하여 하나님께 영광을 돌리게 되느니라" (고후 1:20). 내가 순종의 삶에 관해 이야기할 때 쉽게 해답을 찾을 수 없는 여러 가지 질문과 어려움이 당신에게 생겨났을 가능성도 얼마든지 있다.

당신은 완전히 짓눌린 듯한 감정을 느끼는가? 자기 생각, 언행, 행동 등에 관한 이전의 모든 습관과 화해할 수 있는가? 당신은 하나님의 온갖 뜻에 관한 이처럼 지고한 모든 것을 다스리는 순종의 원리에 즉각적으로 순복할 수 없다고 두려워하고 있지 않은가? 모든 것을 하나님 뜻에 따라 행하라. 하나님에 대한 순종으로써 모든 일을 행하라. 이와 같은 모든 두려움에서 벗어나는 한 가지 해답, 한 가지 탈출구가 있다. 그것은 바로 예수 그리스도이시다. 그분은 모든 것을 알고 계신 살아 계신 구세주시다. 그분은 항상 믿음의 순종 가운데 걸어가기 위한 지혜와 능력을 얻도록 그분을 신뢰하라고 당신에게 요청하신다.

우리는 그분이 가능하게 하실 때마다 어떻게 그분의 총체적인 구속 행위가 단지 순종에 지나지 않는지를 여러 차례 살펴보았다. 예수 그리스도께서 구속에 관한 말씀을 전하실 때 그 메시지는 여전히 같다. 그분은 생명의 영으로서 우리에게 순종의 영을 허락하신다. 이 영은 그분을 통해 매 순간 우리에게 찾아오신다.

예수님이 우리의 순종에 대해 계속해서 책임지신다. 그분은 우리에게 그와 같은 순종을 지속하도록 보장하기 위해 우리에게 자신을 내주시며, 그것을 위해 그분을 신뢰하라고 요청하신다. 우리의 온갖 두려움이 제거되는 것, 우리의 온갖 필요가 공급되는 것, 우리의 온갖 소원이 성취되는 것은 바로 예수님 안에서다. 그 의로우신 분이 당신의 의가 되는 것과 마찬가지로 바로 그 순종하시는 분이 우리의 순종이 되신다. 이를 위해 그분을 신뢰하지 않겠는가? 믿음이 바라보고 소망하며 기대하고 받아들이는 것, 분명히 그것은 우리에게 은혜를 베푸시고 우리를 위해 일하시는 그리스도를 신뢰할 수 있게 만든다.

오늘 당신은 약속의 땅으로 인도하시는 예수님을 신뢰함으로써 하나님과 그분의 아들에게 영광을 돌릴 기회를 취하지 않겠는가? 하늘에 계신 당신의 영광스러운 주님을 바라보라. 그분의 능력 안에서 충성의 서약을 새롭게 하며 그분의 마음을 상하게 하는 일은 무엇이든지 절대로 자발적으로 저지르지 않겠다는 당신의 서약을 새롭게 하라. 서약하기 위한 믿음, 그 서약을 지키기 위한 마음, 그 서약을 실행하기 위한 능력을 얻기 위해 하나님을 신뢰하라. 과감하게 교제의 행위에 동참하기 위해 하나님을 신뢰하라. 그러면 하나님도 당신 행위를 영화롭게 하실 것이다.

지극히 작은 것에 충성된 자는 큰 것에도 충성되고 지극히 작은 것에 불의한 자는 큰 것에도 불의하니라. 너희가 만일 불의한 재물에도 충성하지 아니하면 누가 참된 것으로 너희에게 맡기겠느냐. 너희가 만일 남의 것에 충성하지 아니하면 누가 너희의 것을 너희에게 주겠느냐. 누가복음 16:10-12.

이번 장에서는 지금까지 제대로 다루지 못했거나 매우 명료하게 표현하지 못한 몇 가지 요점을 언급하고자 한다. 그리하여 예수 그리스도의 순종학교에서 배우려는 사람에게 도움을 주고 그 요점들이 순종의 삶에서 자라가기를 진정으로 소망하는 사람에게 커다란 신앙의 바탕이 되기를 소망한다.

순종을 배우라

순종을 배우라는 표현에 대해 오해하지 않기를 바란다. 우리는 절대적인 순종, 곧 죽기까지 순종하는 것이 그리스도의 순종학교에서 단순히 점차 배울 수 있는 어떤 것으로 생각하기가 아주 쉽다. 이것은 굉장히 해로운 잠재력을 지닌 커다란 실수이다. 우리가 배워야 하는 것과 점차 배우는 것은 새롭고 훨씬 더 어려운 명령에 대한 순종을 연습하는 것이다. 그러나 예수님은 순종의 원리에 관해 말씀하시면서 그리스도인으로 발걸음을 시작하는 바로 그 순간부터 완전한 순종을 서약하라고 우리에게 경고하신다.

다섯 살 난 어린아이도 열여덟 살짜리 청년만큼이나 절대적인 순종을 보여줄 수 있다. 이 둘 사이의 차이는 요구되는 일의 원리가 아니라 본질에 있다. 비록 죽기까지 순종한 그리스도의 삶은 문자 그대로 그분의 목숨이 끊어질 때까지도 계속되었지만 그분의 순종에 담긴 정신은 처음부터 항상 같으셨다. 온 마음을 다하는 순종은 그리스도의 순종학교에서 배우는 삶의 최종적인 목표가 아니라 출발점이다. 그 목표는 순종을 통해 하나님의 처분에 따라 우리가 어느 위치에 놓이게 되든지 하나님을 섬기기 위한 자격 조건이다. 조건 없는 순종으로 하나님께 자신을 내드리는 마음은 하나님 뜻에 대한 영적인 지식에서 자라가기 위한 유일한 전제조건이다.

어린 그리스도인들이여, 즉시 단번에 이 문제를 해결하라. 그리고 하나님의 원리를 기억하라. 곧 하나님은 전부를 원하신다. 하나님께 전부를 드리면 하나님도 당신에게 전부를 주신다. 오직 하나님 뜻을 행하기 위해 산제사로 당신을 드리는 것을 전제하지 않는다면 성별은 아무런 소용도 없게 된다. 완전한 순종의 서약은 순종 가운데 자라가면서 그리스도께 더욱 가까워지기를 원하는 사람이라면 누구든지 뿌려야 할 씨앗이다.

하나님의 뜻을 깨닫는 법을 배우라

이처럼 순종하기 위해 무조건 순복하는 것은 그리스도의 순종학교에 들어가기 위한 첫 번째 조건이다. 그것은 우리를 향한 하나님의 뜻에 관해 가르침을 받기 위한 유일한 마음 자세이다. 하나님께는 그분의 모든 자녀를 위한 일반적인 뜻이 있다. 우리는 성경을 통해 어느 정도 그것을 배울 수 있다. 그러나 이러한 명령들에 대한 특별하고도 개인적인 적용도 있을 수 있다. 오직 성령만이 가르쳐주실 수 있는 우리에 관한 개인적인 하나님의 뜻 말이다. 성령은 오직 순종을 서약한 사람에게만 하나님의 뜻을 가르쳐주신다. 이것이 바로 하나님의 뜻을 알려달라고 하나님께 간구한 너무나 많은 기도가 응답받지 못하는 이유다.

예수님은 이렇게 말씀하셨다. "사람이 하나님의 뜻을 행하려 하면 이 교훈이 하나님으로부터 왔는지 내가 스스로 말함인지 알리라"

(요 7:17). 만약 어떤 사람의 의지가 하나님의 뜻을 행하기로 결단한다면, 그리고 그 사람이 하나님의 뜻을 알 수 있을 정도까지 그 뜻을 행한다면 그 사람은 하나님이 틀림없이 자신에게 가르쳐주시는 것에 대해 더 많이 알게 될 것이다. 그것은 어떤 학문을 공부하려는 모든 학생에게, 어떤 직업과 관련하여 모든 초보자에게, 비즈니스에 종사하는 모든 사람에게 있어서 곧 직접 체험하는 것이야말로 정말 제대로 알 수 있게 만드는 한 가지 조건이라는 사실을 말이다.

그와 마찬가지로 우리를 향한 하나님의 뜻에 관해 참된 지식을 받아들일 수 있는 우리의 역량은 그 뜻을 행하겠다는 우리의 서약에 달려 있다. 하나님의 뜻에 대한 우리의 순종에 달린 것이다. 우리가 그 뜻을 알고 있는 한, 그리고 하나님이 우리에게 그 뜻을 계시하시는 한에서는 말이다. 이와 관련하여 세 가지 본질적인 것을 주목해 보자.

먼저, 하나님의 뜻에 대한 당신의 무지를 비롯하여 자신의 노력으로는 그 뜻을 정확히 알 수 없다는 당신의 무능력에 관해 깊이 자각해야 한다. 자신의 무지를 자각하는 것은 당신에게 무엇이든 배울 수 있게 한다.

"주님은 선하시고 올바르셔서 죄인들이 돌이키고 걸어가야 할 올바른 길을 가르쳐주신다. 겸손한 사람을 공의로 인도하시며 겸비한 사람에게는 당신의 뜻을 가르쳐주신다"(시 25:8-9, 새번역).

스스로 가르침을 받아야 할 필요성이 있다고 겸허하게 고백하는 사람은 온유하고 겸손하다. 머리에만 들어 있는 지식은 단지 능력 없는 인간적인 지식을 제공할 뿐이다. 하나님은 성령을 통해 사랑하는 마음으로 들어가 효과적으로 일할 수 있게 하는 살아 있는 지식을 제공하신다.

둘째, 하나님 아버지께서 당신 마음속 깊숙이 은밀한 장소에다 지혜를 알려주실 수 있을 만큼 강력한 믿음을 키워나가라. "주께서는 중심이 진실함을 원하시오니 내게 지혜를 은밀히 가르치시리이다"(시 51:6). 이와 같은 생각은 다소 이상해 보일 수도 있다. 하나님이 일하시는 곳, 하나님이 그분의 생명과 빛을 허락하시는 곳은 바로 마음이라는 사실을 깨닫기를 바란다. 하나님은 우리의 온갖 생각보다 훨씬 더 깊은 차원에서 일하신다. 하나님의 뜻에 대한 어떤 불확실함은 즐거운 순종을 불확실하게 한다. 하나님 아버지께서는 당신이 행하기를 원하시는 것을 기꺼이 알려주신다는 사실을 확신 가운데 믿기 바란다. 이에 대해 하나님을 의지하라. 확실하게 그것을 기대하라.

셋째, 육신과 육신적인 마음을 어둡게 하고 속이게 하는 본성 때문에 당신은 성령의 빛을 찾아 확신하게 해달라고 간절히 기도해야 한다. 이제는 하나님 아버지께서 변화시키기를 당연히 원하셔야 한다고 생각하는 데 그냥 익숙해져 버린 많은 일이 있을 수 있다. 당신과 다른 사람이 그렇게 생각하기 때문에 이러한 것들이 하나님의 뜻이라고 추정하는 것은 다른 것에 관한 하나님의 뜻을 알지 못하도록 당신을 가로막을 수 있다. 성령을 통해 설명되고 적용된 성경 말씀의 판단 아래로 아무런 조건 없이 모든 것을 가져오라. 당신의 모든 존재와 행위가 하나님의 눈에 기쁨을 선사하고 있다는 사실을 알 수 있도록 당신을 인도하기까지 하나님을 섬기면서 그분을 기다리라.

죽기까지 순종하는 삶을 배우라

심지어 죽기까지 자신을 내드리는 완전한 순종에는 더 깊고도 영적인 양상이 자리 잡고 있는데 흔히 그것은 그리스도인의 삶 가운데 초기 단계에서는 쉽게 드러나지 않는다. 그러나 모든 성도는 자신을 기다리고 있는 특권을 자각해야 한다. 온 마음을 다하는 순종은 그 성도에게 하나님의 뜻에 대한 순종을 통해 죽음에 이를지도 모르는 체험으로 인도할 수 있다.

이것이 무슨 의미인지 한번 살펴보자. 우리 주님이 이 땅에서 살아가시는 동안 죄와 세상에 대한 그분의 저항은 완전하고 철저하셨다. 그러나 각종 유혹에서 최종적으로 벗어나 그 권세에서 승리할 수 있었던 것은 그분의 순종을 통해서였으며 그리스도께서 이 세상의 삶과 죄에 대해 죽을 때까지 완성되지 못했다.

그렇게 죽어가는 과정에서 그리스도께서는 완전히 무기력한 가운데 하나님 손에 자기 생명을 내드렸으며 하나님이 자신을 다시 살리기를 기다리고 계셨다. 이처럼 그리스도께서 자신의 새로운 생명과 영광을 충만히 받은 것은 죽음을 통해서였다. 오직 죽음을 통해서만, 그분의 생명을 내드리는 것을 통해서만 순종이 그분을 하나님의 영광으로 인도할 수 있었다.

그리스도인은 죄에 대한 이와 같은 죽음을 그리스도와 함께 공유해야 한다. 우리는 중생을 통해 성령으로부터 순종의 세례를 받는다. 성령은 우리가 그리스도 안에서 소유할 것을 계시하시고 우리가 믿음으로 그것을 붙잡을 수 있도록 도와주신다. 그리고 그리스도께서 십자가에서 돌아가시는 과정에 함께하셨던 것과 같은 열정으로 우리 안에서 일하신다. 그러나 우리는 무지와 불신앙 때문에 그리스도처럼 죄에 대해 완전히 죽는 것을 경험하지 못할 수도 있다.

그리스도께서는 자기 생명을 주관하는 권세를 하나님께 완전히 내드렸다. 그리스도께서는 성령의 무기력한 위탁을 통해 하나님 아버지 손에 자신을 완전히 내드렸다. 이것은 하나님 아버지의 명령을 완전히 성취하는 것이었다. 무덤으로 들어가기까지 완전한 자기 망각을 통해 그리스도께서는 하나님 아버지의 영광에 들어가셨다.

한 성도가 이와 같은 교제 가운데로 인도받는다. 하지만 그 성도는 성령이 예비해두신 조건 없는 순종에서조차도 여전히 자아와 자기 의지라는 은밀한 요소를 버리지 못하고 있다. 그 성도는 그 사실을 깨닫고 거기에서 벗어나기를 갈망한다. 그 성도는 하나님의 말씀 속에서 오직 이것은 죽음을 통해서만 가능하다는 사실을 배우게 된다. 이때 성령은 그 성도를 도우셔서 실제로 그 성도가 죄에 대해 죽을 수 있도록 더 많은 것을 요구하신다.

또한 성령은 이와 같은 죽음의 권세가 자신 안에서 강력하게 영향력을 발휘할 수 있다는 사실을 그 성도에게 보여주신다. 결국 이러한 훈련을 통해 그 성도는 기꺼이 죽기까지 순종하도록 영적으로 성장한다. 이처럼 자아에 대한 완전한 죽음은 그 사람을 사실상 아무것도 아닌 존재로 만든다. 이 과정에서 그 성도는 그리스도와 같은 삶으로 완전히 들어가게 된다.

이처럼 자아에 대해 완전히 죽을 필요성을 올바로 바라보는 것, 기꺼이 그렇게 하도록 만들어지는 것, 예수 그리스도처럼 완전히 자기를 비우고 겸손해지는 상태로 인도되는 것, 이것은 우리가 순종을 통해 배워야 할 최고의 교훈이다. 적절한 때가 이르면 하나님은 전적으로 신실한 사람들에게 이와 같은 특별한 주제에 대해 더 많은 것을 가르쳐주실 것이다.

양심의 소리를 듣는 법을 배우라

하나님의 뜻에 관한 지식과 관련해서 우리는 그 위치를 분명히 자각하여 그 권위에 순복해야 한다. 자연의 법칙이나 교육이 우리에게 옳고 그름에 관해 가르쳐주는 수만 가지 사소한 것들이 있다. 그러나 아무리 정직한 그리스도인이라도 이러한 것들에 일일이 순종하기 위해 자신을 시시콜콜 붙들어 매지는 않는다.

예수님은 이렇게 말씀하셨다는 사실을 기억하기를 바란다.

"지극히 작은 것에 충성된 자는 큰 것에도 충성되고 지극히 작은 것에 불의한 자는 큰 것에도 불의하니라. 너희가 만일 불의한 재물에도 충성하지 아니하면 누가 참된 것으로 너희에게 맡기겠느냐. 너희가 만일 남의 것에 충성하지 아니하면 누가 너희의 것을 너희에게 주겠느냐"(눅 16:10-12).

하나님은 그런 사람에게는 아무것도 맡기지 않으실 것이다.

만약 양심의 소리가 당신에게 어떤 행동이 더 고상하거나 더 낫다고 말한다면, 그래서 자신에게 더 쉽거나 자신을 더욱 기쁘게 하는 것을 선택한다면 당신은 하나님의 음성에 불순종하는 것이다. 그래서 더 나은 성령의 가르침으로 나아가지 못하도록 자신을 가로막는 죄를 짓는 것이다. 항상 옳은 일을 행하겠다는 강한 소망은 하나님 뜻대로 따르겠다는 소망이다.

이와 관련해서 사도 바울은 이렇게 말했다. "내가 그리스도 안에서 참말을 하고 거짓말을 아니하노라. 나에게 큰 근심이 있는 것과 마음에 그치지 않는 고통이 있는 것을 내 양심이 성령 안에서 나와 더불어 증언하노니"(롬 9:1). 성령은 양심을 통해 말씀하신다. 만약 당신이 자기 양심에 순종하지 않고 그 양심을 아프게 한다면 하나님이 당신에게 말씀하시지 못하도록 하는 것이다.

하나님 뜻에 순종하는 사람은 또한 자기 양심의 소리를 존중한다. 이것은 먹고 마시는 문제, 잠자고 휴식하는 문제, 돈을 사용하고 쾌락을 추구하는 문제에서도 마찬가지다. 우리는 모든 것을 하나님 뜻에 순복하도록 내드려야 한다.

만약 당신이 참된 순종의 삶을 살고 싶어 한다면 당신은 하나님 앞에서 선한 양심을 유지하며 하나님 마음에 반하는 어떤 것도 결코 의도적으로 탐닉하지 말아야 한다. 조지 뮬러는 칠십 평생을 살면서 온갖 행복을 누릴 수 있었던 이유를 하나님 말씀에 대한 순종과 사랑으로 돌렸다. 조지 뮬러는 모든 일에 선한 양심을 지켰으며 자기가 생각하기에 하나님 뜻에 반하는 어떤 행위도 하지 않았다. 이처럼 우리가 잘못을 저지를 때 양심은 하나님이 우리에게 보내주시는 경고이자 감시자이다.

당신에게 비추는 여러 가지 빛의 제한을 따라서 양심의 소리에 귀를 기울이라. 하나님 뜻에 관한 가르침을 통해 양심에 더 많은 빛을 비춰달라고 하나님께 간구하라. 그리고 그 빛을 따라서 순종하고 있는지 양심의 증거로 찾아보아라. 당신의 양심이 그 자체로 격려와 조력자가 될 것이다. 그 양심은 당신의 순종이 받아들여졌으며 하나님 뜻에 대한 지식이 점점 더 늘어나게 해달라는 당신의 기도를 듣고 계신다는 확신을 당신에게 허락할 것이다.

복음적인 순종을 배우라

심지어 어떤 그리스도인이 조건 없는 순종을 서약했을지라도 여전히 두 가지 종류의 순종이 있을 수 있다. 하나는 율법에 대한 순종이고, 다른 하나는 복음에 대한 순종이다. 두 가지 언약(신약과 구약)이 있는 것과 마찬가지로 두 가지 형태의 종교가 있으며, 두 가지 방법으로 하나님을 섬길 수 있다.

이것이 바로 사도 바울이 로마서에서 다음과 같이 선포한 이유였다. "죄가 너희를 주장하지 못하리니 이는 너희가 법 아래에 있지 아니하고 은혜 아래에 있음이라"(롬 6:14). 또한 "그 법에서 자유롭게 되나니"(롬 7:3) "이제는 우리가 얽매였던 것에 대하여 죽었으므로 율법에서 벗어났으니 이러므로 우리가 영의 새로운 것으로 섬길 것이요 율법 조문의 묵은 것으로 아니할지니라"(롬 7:6)고 담대히 외친 이유였다.

다시 한번 바울은 이것을 우리에게 상기시켜주었다.

"너희가 육신대로 살면 반드시 죽을 것이로되 영으로써 몸의 행실을 죽이면 살리니 무릇 하나님의 영으로 인도함을 받는 사람은 곧 하나님의 아들이라. 너희는 다시 무서워하는 종의 영을 받지 아니하고 양자의 영을 받았으므로 우리가 아빠 아버지라고 부르짖느니라. 성령이 친히 우리의 영과 더불어 우리가 하나님의 자녀인 것을 증언하시나니"(롬 8:13-16).

이와 같은 3중적인 대조는 여전히 율법 아래 있는 것처럼 행동하는 그리스도인의 위험성을 지적하고 있다. 그 사람은 문자에 얽매인 낡은 정신으로 두려움에 빠뜨리는 종의 영을 받아서 하나님을 섬길 것이기 때문이다. 너무나 많은 그리스도인이 삶에서 연약함을 보이는 가장 커다란 이유는 바로 그 사람들이 은혜 아래 있기보다는 여전히 율법 아래 있기 때문이다. 그 차이점은 무엇인가? 다음에서 주의 깊게 살펴보자.

율법이 우리에게 요구하는 것은 무엇이며, 은혜가 우리에게 약속하고 실행하는 것은 무엇인가? 율법은 마땅히 우리가 해야 하는 것, 우리가 그것을 할 수 있는지 아닌지를 다룬다. 두려움에서 벗어나 사랑하도록 우리에게 동기를 불어넣는 율법은 우리에게 최선을 다하도록 촉구한다. 그러나 율법은 아무런 실질적인 힘을 우리에게 불어넣지 못하기에 단지 실패와 정죄함으로 우리를 인도할 뿐이다. 그러나 은혜는 감히 우리가 할 수 없는 것을 가리키면서 우리를 위해, 그리고 우리 안에서 그것을 하라고 요청한다.

율법은 돌판이나 책에다 기록한 명령으로 우리에게 다가온다. 은혜는 그분의 임재와 능력을 허락하시는 살아계시고 은혜로우신 인격체로 우리에게 다가온다. 율법은 다만 우리가 순종할 때만 생명을 허락한다. 은혜는 감히 우리가 순종할 수 있다는 확신과 더불어 생명, 심지어 성령을 허락한다.

인간 본성은 언제나 은혜로부터 율법으로 다시 미끄러져 내려가기 쉬우며, 단지 자기 힘으로 최선을 다하기 위해 은밀하게 자기 능력을 신뢰하기 쉽다. 은혜의 약속은 너무나 신성하며 우리 안에서 모든 것을 성취하기 위한 성령의 선물은 너무나 놀라워서 단순히 은혜를 믿는 사람이 거의 없을 정도이다. 이것이 바로 사람들이 결코 과감하게 순종을 서약하지 못하는 이유이며 은혜의 약속을 취한 이후에도 다시금 돌아서는 이유다.

나는 당신에게 복음적인 순종이 무엇인지 열심히 연구해보라고 부탁하고 싶다. 복음은 좋은 소식이다. 복음에 대한 순종은 좋은 소식의 일부이다. 그렇기에 성령을 통해 은혜는 당신 안에서 모든 것을 할 것이다. 그리고 하나님께 순종하는 모든 시도가 그리스도의 풍성한 은혜를 믿는 믿음, 성령의 강력한 내주하심을 믿는 믿음, 예수님의 축복된 사랑을 믿는 믿음에서 비롯되는 즐거운 소망이 되게 할 것이다. 예수님의 내주하시는 임재는 순종이 가능하고도 확실하게 할 것이다.

사랑의 순종을 배우라

사랑으로부터 생겨나는 순종은 복음적인 순종의 가장 특별하고도 아름다운 양상이다. 성령을 통해 모든 것을 성취하겠다고 약속하시는 은혜는 영원한 사랑의 선물이다. 우리의 순종에 대해 책임지시고 그 순종을 가르치시며 임재를 통해 우리에게 그 순종을 보장하시는 예수 그리스도께서는, 죽기까지 우리를 사랑하셨던 분이며 우리의 이해를 훨씬 넘어서는 사랑으로 우리를 사랑하시는 분이다.

사랑하는 마음 이외의 다른 어떤 것도 사랑받거나 알 수 없게 만든다. 우리가 순종할 수 있게 만드는 것도 바로 이 사랑하는 마음이다. 순종은 우리에게 의존하는 하나님의 사랑에 대한 사랑의 반응이다. 순종은 그와 같은 사랑을 더욱 충분히 기뻐할 수 있도록 돕는 유일한 방법이다. 우리 주님이 자신의 고별 강론에서 어떻게 이와 같은 사실을 주장하셨는지 주목해보라. 예수님은 요한복음 14장에서 3번씩이나 그것을 되풀이하여 강조하였다.

"너희가 나를 사랑하면 나의 계명을 지키리라. …나의 계명을 지키는 자라야 나를 사랑하는 자니 나를 사랑하는 자는 내 아버지께 사랑을 받을 것이요. 나도 그를 사랑하여 그에게 나를 나타내리라. …사람이 나를 사랑하면 내 말을 지키리니 내 아버지께서 그를 사랑하실 것이요. 우리가 그에게 가서 거처를 그와 함께하리라"(요 14:15, 21, 23).

오직 사랑만이 예수님이 요구하시는 순종을 허락할 수 있으며 오직 사랑만이 예수님이 순종에 대해 허락하시는 축복을 받을 수 있게 한다! 사랑의 순종은 성도에게 축복의 순환 고리를 제공한다. 예수님께 순종하고 예수님을 받아들이려는 소망은 우리 안에 살아계시는 성령, 하나님 아버지의 사랑에 접근할 수 있는 권리, 그리스도 자신의 사랑 같은 하나님의 선물을 가져오게 만든다. 이 세 가지는 차례로 순종적인 삶의 성공을 보장한다.

또한 요한은 요한복음 14장 바로 다음 장에서 순종의 또 다른 측면에 주목하면서 어떻게 순종이 하나님의 사랑에 대한 즐거운 경험으로 인도하는지 보여주었다. 예수님은 하나님 아버지의 계명을 지키셨으며, 이제 하나님 아버지의 사랑 안에서 살아가신다. 만약 우리가 하나님의 계명을 지킨다면 우리 역시 하나님의 사랑 안에서 살아가게 될 것이다. 예수님은 우리를 위해 자기 생명을 내줌으로써 그분의 사랑을 증명해 보이셨다. 만약 우리가 예수님이 우리에게 명령하신 것을 행한다면 우리는 그분의 사랑을 누리게 될 것이다.

순종은 먼저 우리를 향한 예수님의 사랑과 그에 대한 반응으로 우리의 사랑 사이뿐만 아니라 우리의 사랑과 그에 대한 반응으로 예수님의 충만한 사랑 사이에 없어서는 안 되는 연결 고리이다. 진실로 우리가 살아가면서 사랑하지 않는다면 완전한 순종은 거의 불가능하다.

"하나님을 사랑하는 것은 이것이니 우리가 그의 계명들을 지키는 것이라. 그의 계명들은 무거운 것이 아니로다"(요일 5:3).

이것이 바로 우리에게 그분의 계명을 지키게 하는 하나님의 사랑이다. 그러므로 우리는 율법적인 순종의 덫에 빠지지 않도록 주의해야 한다. 그것은 단지 의무감에서 참된 순종의 삶을 살려고 몸부림치는 것이다. 우리는 활력 넘치는 순종의 삶, 축복으로 가득한 삶으로 인도하는 "새 생명 가운데서 행하"(롬 6:4)는 것이 무엇인지 보여달라고 하나님께 간구해야 한다. 다음과 같은 약속의 말씀을 의지해서 간절히 간구해야 한다.

"네 하나님 여호와께서 네 마음과 네 자손의 마음에 할례를 베푸사 너로 마음을 다하며 뜻을 다하여 네 하나님 여호와를 사랑하게 하사 너로 생명을 얻게 하실 것이며… 너는 돌아와 다시 여호와의 말씀을 청종하고 내가 오늘 네게 명령하는 그 모든 명령을 행할 것이라"(신 30:6,8).

하나님의 사랑과 예수님의 은혜를 믿으라. 예수님이 당신에게 허락하시는 성령이 당신에게 하나님의 법을 사랑하고 그 안에서 동행할 수 있도록 하신다는 사실을 믿으라. 이와 같은 믿음의 힘과 충분한 은혜를 확신하는 가운데 연약한 중에 온전함을 이루는 은혜를 통해 하나님의 사랑과 살아 있는 순종의 삶으로 들어가라. 하나님의 사랑 안에 머무는 예수님의 지속적인 임재 이외에는 다른 어떤 것도 당신을 지속적인 순종으로 나아갈 수 있도록 인도하지 못할 것이다.

정말 완전한 순종은 가능한가?

순종의 가능성에 대한 이와 같은 질문은 우리 생명의 뿌리에 해당하는 것이다. 항상 하나님을 기쁘시게 하는 삶을 살아가는 것은 우리 능력을 벗어나는 일이다. 생각은 우리 능력의 뿌리를 좀먹는다. 나는 당신이 이와 같은 질문에 명확하게 대답하도록 강력히 촉구하는 바이다.

순종에 대한 하나님의 예비하심이라는 조명 아래서도, 당신 안에서 온갖 유익한 즐거움을 선사하기 위해 일하시겠다는 하나님의 약속 아래서도, 당신에게 새로운 마음을 허락하시는 하나님의 자비하심 아래서도, 하나님의 아들과 성령의 내주하심 아래서도 당신이 여전히 순종은 불가능하다고 믿는다면 하나님의 뜻을 제대로 알 수 있도록 당신 눈을 활짝 열어달라고 하나님께 간구하라. 만약 당신이 이론적으로 이 진리에 동의하면서도 여전히 이와 같은 삶에 자신을 내드리기를 두려워한다면 당신 눈을 활짝 열어달라고 간청하라. 당신을 위한 하나님의 뜻을 알려달라고 그분께 간구하라.

너무 많은 것을 포기해야 할지도 모른다는, 하나님께 전적으로 헌신하려면 지나치게 배타적으로 되어야 할지도 모른다는 은근한 두려움이 다시 당신을 제자리로 돌아가게 만들지 않도록 주의하라. 단지 당신 양심을 편하게 하기에 충분할 정도의 순종만을 추구하면서 하나님께 합당한 모든 것을 그분께 내드리고 행하고 변화되기를 소망하지 않는 자가 되지 않도록 주의하라.

다른 무엇보다 하나님을 제한하면서 하나님이 당신을 위해 할 수 있으며 하겠다고 말씀하신 것들을 믿지 않으려고 몸부림침으로써 하나님을 거짓말쟁이로 만들지 않도록 주의하라. 만약 당신이 순종을 배움으로써 당신에게 무슨 축복이라도 찾아오게 된다면 당신은 다음과 같은 말을 자신 있게 써 붙일 수 있을 때까지 멈추지 말아야 한다. "하나님이 원하시는 대로 모든 것을 행함으로써 날마다 순종하는 것은 나에게 얼마든지 가능한 일이다. 하나님의 능력으로 나는 하나님께 나 자신을 온전히 맡길 수 있다!"

그러나 이 한 가지 조건을 기억하기를 바란다. 당신에게 순종의 축복을 가져다주는 것은 당신의 결단이나 노력에 따른 능력이 아니라 그리스도의 끊임없는 임재와 성령의 지속적인 가르침, 성령의 은혜와 능력 때문이라는 사실 말이다. 순종하신 분으로 우리 안에 살아계신 그리스도께서 당신의 순종을 충분히 보장하실 것이다. 순종은 그리스도와 교제하는 가운데 당신에게 사랑과 즐거운 삶을 제공할 것이다.

그러므로 너희는 가서 모든 민족을 제자로 삼아 아버지와 아들과 성령의 이름으로 세례를 베풀고 내가 너희에게 분부한 모든 것을 가르쳐 지키게 하라. 볼지어다. 내가 세상 끝날까지 너희와 항상 함께 있으리라 하시니라. 마태복음 28:19-20.

너희는 온 천하에 다니며 만민에게 복음을 전파하라. 믿고 세례를 받는 사람은 구원을 얻을 것이요 믿지 않는 사람은 정죄를 받으리라. 마가복음 16:15-16.

아버지께서 나를 세상에 보내신 것같이 나도 그들을 세상에 보내었고 또 그들을 위하여 내가 나를 거룩하게 하오니 이는 그들도 진리로 거룩함을 얻게 하려 함이니이다. 요한복음 17:18-19.

오직 성령이 너희에게 임하시면 너희가 권능을 받고 예루살렘과 …

땅끝까지 이르러 내 증인이 되리라. 사도행전 1:8.

이 모든 말씀은 우주적인 회심의 정신이나 다름없는 것을 언급하고 있다. '모든 민족' '온 세상' '천하 만민' '땅끝' 과 같은 표현은 각각 예수님의 마음이 자신이 구속하셨고 승리를 거두셨던 세상에 대한 의로운 통치를 요청하는 데 고정되어 있었다는 사실을 가르쳐준다. 그리고 예수님은 이와 같은 사명을 감당하기 위해 제자들을 의지하셨다. 예수님이 승천하신 다음 온 세상을 통치하려고 준비하실 때 주님은 제자들에게 이렇게 말씀하셨다. "하늘과 땅의 모든 권세를 내게 주셨으니"(마 28:18). 예수님은 즉각적으로 자신과 제자들의 소망과 노력의 대상으로 "땅끝에까지 이르러 내 증인이 되라"고 말씀하셨다. 보좌에 앉으신 왕으로서 예수님은 제자들의 조력자가 되실 것이었다. "볼지어다. 내가 세상 끝날까지 너희와 항상 함께 있으리라"(마 28:20).

심지어 우리는 온 세상 구석구석에까지 이르러 주님이 통치할수 있는 군대의 전초부대가 되어야 한다. 예수님이 친히 전쟁을 수행하실 것이다. 예수님은 승리에 대한 확신을 자기 백성에게 불어넣으려고 애쓰신다. 온 세상을 하나님께 다시 돌려드리는 것은 예수님이 감당하셔야 할 사명으로서 살아 있든지 죽든지 간에 유일하게 가치를 두신 일이다.

예수님은 가르치거나 논쟁하거나 요청하거나 간청하지 않으신다. 단지 명령하실 뿐이다. 예수님은 제자들에게 순종을 훈련시켰으며, 사랑 가운데 순종할 수 있도록 자기에게 붙어 있으라고 명령하셨다. 예수님은 이미 제자들에게 자신의 부활 영을 불어넣으셨다. 그래서 예수님은 제자들을 의지할 수 있으셨다. 예수님은 제자들에게 단호히 말씀하셨다. "너희는 온 세상으로 나가라."

이전에 예수님이 이 세상에 살아계시는 동안 제자들은 예수님의 명령을 성취하는 것에 관해 나름대로 의심을 하였었다. 그러나 아주 조용하고 단순하게 이러한 거룩한 말씀을 선포하셨을 때 제자들은 그 명령을 순순히 받아들였다. 예수님이 승천하시자마자 제자들은 지시받은 곳으로 나아가 하늘에 계신 주님으로부터 천국의 능력을 부여받기 위해 기다리고 있었다. 이와 같은 천국의 능력은 모든 민족을 그분의 제자로 삼는 천국 사역을 위해 제자들을 준비시킬 것이었다. 제자들은 명령을 받았으며 자신들을 통해 주님의 이름을 믿는 사람들에게 그 명령을 전했다.

겨우 한 세대가 다 지나가기도 전에 우리가 그 이름조차 알지 못하는 평범한 사람들이 안디옥, 로마, 그리고 그보다 더 멀리 떨어진 지역에 복음을 전파하였다. 모든 민족을 제자로 삼으라는 명령이 모든 시대와 모든 제자의 마음과 삶에 의미 있게 전달되고 흡수된 것이다.

그 명령은 우리 각자를 위한 것이기도 하다. 교회 안에는 아무런 특권 계급이나 노예 계급이 없다. 오직 전자에게만 유일하게 영광이

속해 있거나 오직 후자에게만 천하 만민에게 복음을 전하는 의무가 부여된 것도 아니다. 예수님이 나누어주시는 생명은 그분의 생명이다. 예수님이 불어넣으시는 영은 바로 그분의 영이시다. 예수님이 생각하시는 오직 한 가지 계획은 자신의 자기희생적인 사랑이다. 예수님의 몸을 구성하는 모든 지체가 그분께 충분하고 건강하게 접근하는 가운데 지금까지 받은 것을 나누어주고 싶다는 충동을 느끼는 것은 바로 그분의 구원에 내포된 본성 때문이다.

그 명령은 외부에서 마음대로 바꿀 수 있는 법이 아니다. 우리는 예수님의 마지막 명령에 동의하고 순종함으로써 하나님 아버지를 영화롭게 하려고 살고 있다는 사실을 인정하게 된다. 그리스도의 교회라는 몸의 일부로서 우리는 이 세상에서 하나님을 대표하는 사람들이다. 우리는 하나님의 사랑과 뜻이 이제 그리스도께로 잃어버린 영혼들을 다시 돌려드리는 일을 통해 우리에게 전달된다고 확신한다.

얼마나 끔찍할 정도로 교회가 그 명령을 제대로 순종하지 못하고 있단 말인가! 그러한 명령이 있다는 사실조차도 전혀 모르는 그리스도인이 얼마나 많단 말인가! 수많은 교인이 그 명령을 듣기는 하지만 그 명령에 순종하기를 간절히 바라지는 않는다. 수많은 성도가 그 명령에 순종하려고 애쓰기는 하지만 자기에게 편리한 방식으로 그렇게 한다.

우리는 지금까지 순종이 무엇인지를 공부해왔다. 우리는 온 마음을 다하는 순종에 이르기까지 자신을 내주어야 한다고 말해왔다.

확실히 우리는 천하 만민에게 복음을 전하라는 우리 주님의 마지막 지상명령을 이해하고 수행하도록 도와주는 어떤 것이든 이제는 기쁜 마음으로 경청할 준비가 되어 있다.

마지막으로 당신이 반드시 알아야 할 것을 세 가지 요점으로 제시하고자 한다. 그것은 곧 예수님의 명령을 받아들이고, 예수님 마음대로 처분할 수 있도록 완전히 당신 자신을 맡기고, 즉각적으로 예수님의 왕국을 위해 살아가는 것이다.

예수님의 명령을 받아들이라

이 명령의 힘을 약화시키는 다양한 요소가 존재한다. 성격상 너무나 일반적이고 모든 사람에게 제시된 어떤 명령은 개인적이고 구체적인 명령만큼 구속력이 없다는 사실이 우리에게 내재해 있다. 또한 만약 다른 사람들이 자기 몫을 다하지 않으면 우리 몫의 비난은 상대적으로 적다고 믿으려는 경향이 우리에게 잠재해 있다. 우리는 극심한 곤경에 처하면 순종이 절대적인 명령이 될 수 없다고 느낀다. 그리고 만약 우리가 기꺼이 최선을 다하고 있다면 이것이야말로 누군가 우리에게 요구할 수 있는 전부라고 생각한다.

형제자매들이여, 이것은 순종이 아니다! 이것은 최초의 제자들이 지상 위임명령을 받았던 당시의 정신이 아니다. 이것은 사랑하는 우리 주님과 함께 살아가고 싶어 하는 정신이 아니다. 우리는 각자 자신에게 이렇게 말해야 한다. "비록 다른 사람은 아무도 순종하지 않을지라도 나는 그리스도의 은혜로 말미암아 그리스도의 왕국을 위해 살아갈 수 있도록 나 자신과 내 생명을 모두 내드릴 것이다!"

잠시 나와 다른 모든 사람을 구분하여 예수님과 나 사이의 개인적인 관계에 대해 생각해보자. 당신은 그리스도의 몸을 구성하는 지체인가? 그리스도께서는 모든 지체가 그분의 처분대로 따르고, 그분의 성령으로 말미암아 활력을 불어넣고, 그분의 목적에 따라 살아가기를 기대하고 계신다.

그것은 우리의 몸에서도 마찬가지다. 우리는 자기 몫을 다하는 각각의 지체를 얼마든지 의존할 수 있다는 확신 가운데 날마다 우리와 함께 모든 건강한 지체를 달고 다닌다. 우리 주님도 너무나 완벽하게 우리를 그분의 몸을 구성하는 지체로 만들어 놓으셨기 때문에 그분은 우리에게 이와 같은 협력을 요구하고 기대하신다. 그리고 만약 우리가 진정으로 자신을 그분께 내드려왔다면 그분의 뜻을 알고 행하는 것 이외에는 다른 어떤 것도 생각해서는 안 된다고 말씀하신다.

요한복음 15장에 나오는 포도나무와 가지의 비유를 다시 한번 생각해보라. 가지는 포도나무와 똑같은 한 가지 존재 목적, 곧 열매를 맺는 목적이 있다. 만약 내가 진정으로 그리스도라는 포도나무의 가지라면 그분의 목적과 마찬가지로 내 목적도 역시 열매를 맺는 것, 곧 사람들의 구원을 위해 살아가고 일하는 것이어야 한다.

또 다른 비유를 한번 살펴보자. 그리스도께서는 그분의 피로 나를 사셨다. 힘으로 정복하거나 돈으로 산 어떤 노예도 그리스도의 피로 구속하여 되찾은 내 영혼만큼 그토록 철저하게 자기 주인의 재산일 수 없다. 내 영혼은 사랑으로 말미암아 그분께 완전히 내드린 것이며 그분께 철저히 묶여 있다. 내 영혼은 그분의 재산이다. 왜냐하면 오직 그분만이 자기가 기뻐하시는 대로 내 영혼과 관계를 맺을 수 있기 때문이다. 그리스도께서는 신적인 권리를 활용하여 내 영혼을 요구하며 무한한 능력으로 성령을 통해 일하신다. 그러면 나는 오직 그분의 나라와 섬김을 위해 살아가는 데 전적으로 동의하게 된다. 이것이 내 기쁨이자 영광이다.

그것이 좀 달라질 때가 있다. 이것을 좀 더 구체적으로 설명하기 위해 어떤 사람이 다른 사람에게 자기 돈이나 섬김을 제공하는 방법에 주목하기를 바란다. 오래전에 한때 장사를 잘해 많은 돈을 벌어들인 종이 있었다. 그는 성실하고 정직하였으며 주인을 위해 최선의 헌신을 다했다. 그는 장사해서 남긴 이윤을 한 푼도 속이지 않고 모두 주인의 금고에 갖다 넣었다. 이것을 어여삐 여긴 주인은 그 종에게 자유를 주었다. 그 종은 이제 자신이 원하는 어느 곳에서 무엇을 하던 자신을 위해 살 권리가 생겼다.

세월이 흘러 그 주인은 가난해져서 이전의 종이었던 그 사람에게 도움을 청할 수밖에 없는 처지가 되었다. 그 종이었던 사람은 성실하고 유능해서 순식간에 많은 돈을 모을 수가 있었다. 그 종은 친절하고 관대했다. 자신에게 도움을 청하러 온 그 주인에게 감사한 마음으로 자신이 할 수 있는 최선을 다해 보답했다.

당신은 이 사람이 노예였을 때와 자유인이 되었을 때 자신이 소유한 돈과 섬김을 어떻게 사용했는지 차이를 알겠는가? 종이었을 때 그 사람이 소유한 모든 것은 주인의 것이었다. 그래서 좋든 싫든 간에 모든 것을 주인에게 예속시켜야 했다. 그러나 자유인이 되었을 때 이 사람은 자신의 의지대로 자신이 소유한 모든 것, 물질이나 섬김 등을 사용할 수 있었다.

그렇다면 우리는 과연 어떤 방식으로 예수님께 자신을 내드려야 할까? 나는 많은 사람이 마치 자기가 원하는 만큼만 내드릴 수 있는 자유를 소유한 것처럼 드리고 있지 않을까 생각한다. 그들은 스스로 생각에 자기가 할 수 있는 것만 내드린다. 이제 예수 그리스도의 보혈로 산 바 된 성도는 자신이 구속적인 사랑의 종이라는 사실을 알고서 기뻐한다. 그 성도는 주인의 발 앞에 자신이 소유한 모든 것을 내려놓는다.

제자들이 왜 그토록 쉽게 온 마음을 다해 지상 위임명령을 받아들였는지 의아하게 생각한 적이 있는가? 제자들은 갈보리에서 새로워졌으며 거기에서 예수님의 피를 목격하였다. 제자들은 부활하신 주님을 만났으며 바로 그분이 제자들에게 성령을 불어넣어 주셨다. 40일 동안 "예수께서… 택하신 사도들에게 성령으로 명하시고"(행 1:1-2).

예수님은 제자들의 구원자, 스승, 친구, 그리고 주님이셨다. 제자들은 단지 순종하는 일밖에 달리 할 수 있는 일이 없었다. 우리도 그분의 발 앞에 엎드려 성령께 자신을 완전히 내드리자. 예수님이 그분의 강력한 요구를 드러내며 말씀하실 수 있도록. 그러면 우리는 주저 없이 온 마음을 다해 유일한 삶의 목적으로서 이 명령을 받아들이게 될 것이다. 천하 만민에게 복음을 전파하자!

예수님의 처분대로 완전히 당신을 맡기라

예수 그리스도의 마지막 지상 위임명령은 너무나 두드러지게 해외 선교와 관련하여 우리를 촉구해왔기 때문에 수많은 사람이 단지 해외 선교에만 이 명령을 국한하는 경향이 있다. 이것은 심각한 실수이다. "그러므로 너희는 가서 모든 민족을 제자로 삼아…. 내가 너희에게 분부한 모든 것을 가르쳐 지키게 하라"(마 28:19-20)는 주님의 말씀은 우리에게 무엇을 삶의 목표로 삼아야 하는지 말해준다. 우리의 목표는 바로 모든 사람을 참된 주님의 제자로 삼아 그리스도의 온갖 뜻을 따라 거룩하게 순종하면서 살아가도록 하는 것이다.

우리가 그 명령을 완전히 수행했다고 말할 수 있기 전까지 교회와 소위 기독교 공동체 안에서 이루어져야 하는 일이 많다는 사실이 얼마나 놀라운가! 그리고 교회 안에 있는 모든 성도가 바로 이 과업이야말로 유일한 존재 목적임을 깨닫는 것이 얼마나 절실한가! 천하 만민에게 완전히 복음을 전하는 것, 이것이 바로 우리 사명이다. 이것은 모든 구속된 영혼의 열정이어야 한다. 오직 이것만이 당신 안에 자리 잡은 그리스도의 성령, 그리스도의 형상, 그리스도의 삶이다.

만약 교회가 성령의 권능을 의지하여 전파해야 하는 한 가지가 있다면 그것은 하나님의 모든 자녀가 이 과업에 동참해야 할 뿐만 아니라 우리를 인도하고 사용할 주인이신 예수님께 자신을 내드려야 하는 절대적이고 즉각적인 임무라는 것이다. 그러므로 나는 완전한 순종을 서약하는 모든 독자에게 이렇게 묻고 싶다. 만약 지금까지 그렇게 서약하지 않았다면 과연 우리가 감히 자신을 참된 그리스도인이라고 말할 수 있겠는가? 즉시 그리스도의 처분대로 당신을 완전히 내맡기기를 바란다.

천하 만민에게 복음을 전파하라는 마지막 명령은 이 말씀이다.

"네 마음을 다하며 목숨을 다하며 힘을 다하며 뜻을 다하여 주 너의 하나님을 사랑하고"(눅 10:27).

이 명령은 하나님의 가장 크고 첫째 되는 명령만큼이나 구속력을 지닌다. 당신의 과업이 무엇인지를 깨닫기 전에, 그리고 당신이 어떤 특별한 일을 향한 어떤 특별한 갈망, 부르심, 또는 능력이 있다고 느끼기 전에 만약 당신이 기꺼이 그 명령을 받아들이려 한다면 그분의 처분대로 당신을 완전히 내맡겨야 한다.

당신을 훈련하고 인도하고 사용하는 것은 주인으로서 예수님의 약속이다. 그러니 두려워하지 말라. 당신의 의지와 위안을 가장 우선하는 이기적인 신앙에서 벗어나라. 당신이 오직 꼭 필요하다고 생각하는 것만 그리스도께 내드리는 편협한 신앙에서 벗어나라. 주님이 당신을 완전히 소유할 수 있다는 사실을 알게 하라. 주님의 일을 섬기기 위한 자원봉사자로서 지금 그분께 당신 자신을 등록하라.

　　비록 해외 선교사역에 자신을 내드리는 것일지라도 그리스도의 부르심에 순종해야 한다. "만약 그것이 하나님의 뜻이라면 해외 선교사가 되는 것이 내 인생의 목표이자 소원이야"라는 단순한 이 고백이 수많은 영혼의 삶에 이루 다 헤아릴 수 없는 엄청난 축복을 가져다줄 것이다. 그것은 수많은 사람에게 지상 위임명령에 순종하도록 도와줄 것이며, 그들의 삶에 중대한 이정표가 될 것이다. 한 사람의 순종함으로 인해 다른 나라에 있는 수많은 사람의 삶이 얼마나 많이 바뀌었으며 축복을 받았는지는 오직 영원한 천국에서만 정확히 알 수 있을 것이다.

　　한편 결코 해외로 떠날 수 없다고 생각하거나 주님의 뜻을 전혀 물어보지 않았기에 그렇게 할 수 없다고 생각하는 일부 성도는 단순히 다음과 같이 결단하지 않았기에 무수히 많은 축복을 놓치는 것이다. "하나님의 은혜로 말미암아 나는 그리스도의 왕국을 섬기기 위해 내 삶을 완전히 헌신합니다!"

　　적어도 겉으로 보기에 집과 친구들을 떠나 해외로 나가는 것은 종종 그리스도의 일을 위해 헌신한 사람들이 자신에게 익숙한 것들과 과감히 헤어질 수 있도록 커다란 도움을 준다. 그러나 본국에서 사역하는 헌신자는 계속해서 자신의 부르심에 순종할 수 있으면서도 적어도 겉으로는 아무런 이별의 아픔을 겪을 필요 없이 꾸준히 그 길로 나아갈 수 있다. 그렇기에 그리스도의 순종학교에 입학한 당신은 마지막이자 가장 커다란 계명을 잘 연구하기를 바란다. 온 마음을 다해 지상 위임명령을 받아들이기를 바란다. 그리스도의 처분대로 당신 자신을 완전히 맡겨 드리기를 바란다.

순종의 서약에 따라 즉시 행동하라

당신이 어떤 환경에 처해 있든지 간에 하나님께로 돌이킬 수 있는 영혼들과 쉽게 손길이 닿는 곳에 머물러 있다면 그것은 굉장한 특권이다. 그리고 당신을 둘러싼 온 사방에는 당신의 도움을 요청할 뿐만 아니라 오히려 당신에게 사역을 제공하는 무수히 많은 기독교 사역 단체가 있다. 하나님을 섬기도록 그리스도께서 핏값으로 산 존재로서, 성령께서 그분의 섭리에 따라 축복하시는 존재로서 당신 자신을 바라보기를 바란다.

온 세상을 다시금 하나님께로 되돌려드리는 위대한 일에 동참하라는 당신의 인생을 향한 부르심에 겸허하지만 담대하게 순종하기를 바란다. 당신이 하나님의 인도하심을 따라 이미 활동 중인 수많은 선교 단체 가운데 하나에 동참하든 아니면 훨씬 더 독립적인 길을 걸어가든지 간에 그것을 당신 교회의, 공동체의, 당신의 일이 아니라 주님의 일로 바라보아야 한다는 사실을 기억하기를 바란다.

그리고 항상 사도 바울의 가르침을 기억하기를 바란다.

"무슨 일을 하든지 마음을 다하여 주께 하듯 하고 사람에게 하듯 하지 말라"(골 3:23).

당신은 명령을 받아서 단순히 그것을 수행하는 종일뿐이다. 그러면 이 사역이 당신 자신과 당신이 그리스도와 함께 나누는 교제 사이에 끼어들지 않을 것이다. 오히려 그것이 당신과 그리스도, 그분의 능력, 그리고 그분의 인정을 불가분 연결하게 해줄 것이다.

우리 사역의 인간적인 부분에 너무나 몰두한 나머지 그 일의 영적인 특성과 하나님의 초자연적인 능력의 필요성에 관한 시선을 놓치기 매우 쉽다. 우리가 예수님께만 초점을 맞출 때 그분의 일은 천상의 기쁨과 소망으로 우리를 가득 채워줄 것이다. 그렇기에 우리는 보좌에 앉으신 우리 주인, 우리 왕에게 시선을 고정해야 한다.

예수 그리스도께서 명령을 내리시면서 제자들을 온 세상이라는 거대한 들판으로 내보낼 때 그분은 먼저 보좌에 앉은 그분 자신에게로 제자들의 시선을 이끄셨다. "하늘과 땅의 모든 권세를 내게 주셨으니"(마 28:18). 우리에게 그리스도의 충분하고도 거룩한 능력을 확신하게 하는 것은 보좌에 앉으신 그리스도를 바라보는 비전과 믿음이다. 명령 자체가 아니라 살아계시고 전능하신 영광의 주님께 순종하는 것이다. 그분을 믿는 믿음이 당신에게 천국의 능력을 허락할 것이다.

모든 민족으로 제자로 삼으라는 명령 다음에는 이런 말씀이 뒤따른다. "하늘과 땅의 모든 권세를 내게 주셨으니." 우리에게는 보좌에 앉아계신 그리스도가 필요할 뿐만 아니라 우리를 위해, 그리고 우리를 통해 일하고 계시는 그분의 내주하시는 임재 역시 필요하다. 하늘에 계신 그리스도의 능력, 이 땅 위에 계신 그리스도의 임재, 이 두 기둥 사이에는 교회가 온 세상의 통치로 들어가는 관문이 놓여 있다. 우리 각자는 예수님을 따라가야 하며, 예수님으로부터 그 사역에서 우리 몫에 관해 우리에게 내리시는 명령을 받아야 한다. 그리고 전적으로 예수님의 뜻과 사역만을 위해 살아가겠다고 약속하는 순종의 서약을 해야 한다.

그와 같은 시작은 멋진 훈련시간이 되어 예수님의 인도하심을 충분히 알고 따르도록 준비시킬 것이다. 만약 잃어버린 채로 죽어가는 수많은 이방인을 위한 예수님의 간청하는 부르심이 우리에게 다가온다면 기꺼이 나아갈 준비를 해두라. 만약 예수님의 섭리를 통해 우리가 나가는 것이 허락되지 않는다면 마치 외국으로 나가는 것과 마찬가지로 본국에서 철저하고 강력하게 헌신하자. 그곳이 해외든 본국이든 간에 만약 순종하는 사람들의 줄이 충분히 가득 채워진다

면 그리스도께서는 그분 마음에 품은 소원과 그분의 영광스러운 명
령을 각자 마음껏 품도록 하실 것이다. 그리하여 복음이 천하 만민
에게 전파되는 것을 성취하는 모습을 지켜보실 것이다!

복된 하나님의 아들이시여, 제가 여기 있나이다!
주님의 은혜로 말미암아 저는 당신의 마지막
지상 위임명령을 수행하는 일에 제 삶을 드립니다.
제 마음이 주님의 마음이 되게 하옵소서.
저의 연약함이 주님의 강함이 되게 하옵소서.
예수님의 이름으로 완전하고도
영속적인 순종을 서약하나이다. 아멘!